Zu diesem Buch

Edred Thorsson, einer der bekanntesten Runenspezialisten der Welt, führt Sie in die Kunst des Runenlegens und der Runen-Weissagung ein.

Das Wort »Rune« ist mit »Raunen« verwandt und bedeutet Geheimnis. Das Runenlegen offenbart das Mysterium der Beziehung zwischen Göttern und Menschen, zwischen der inneren und der äußeren Welt.

Was bedeuten die einzelnen Runen und ihre Namen? Der Autor gibt zu jeder Rune einen ausführlichen Kommentar und erläutert ihre traditionellen Bedeutungen sowie ihre positiven und negativen Aspekte (»heller Stab« und »dunkler Stab«).

Mit Schlüsselwörtern zur Runen-Deutung und anhand vieler Beispiele zeigt Edred Thorsson außerdem, wie man selbst Runen legt und wirft, um damit seine aktuellen Fragen zu beantworten.

Edred Thorsson

Runen-Magie

Übersetzt von Martin Rometsch
und Christa Ranzinger

KÖNIGSFURT-URANIA

Dieses Buch enthält den kompletten Text des »Runen-Handbuch für Anfänger« und Auszüge aus dem »Handbuch der Runen-Magie«; beide Titel von Edred Thorsson erschienen bei Königsfurt-Urania. Zuletzt erhältlich unter dem Titel »Runen. Orakel – Beratung – Lebenshilfe« in der Reihe *Bibliothek der Orakel*.

Hinweis: Die Informationen in diesem Buch sind sorgfältig und nach bestem Wissen recherchiert. Eine Garantie kann von Autor und Verlag dennoch nicht übernommen werden; eine Haftung für Personen-, Sach- und Vermögensschäden ist ausgeschlossen.

Bibliografische Informationen der Deutschen Bibliothek
Die deutsche Bibliothek verzeichnet diese Publikation in der
Deutschen Nationalbibliografie; detaillierte bibliografische Daten
sind im Internet über http://dnb.ddb.de abrufbar.

Abbildungen, die wir der wikipedia entnommen haben, sind als solche gekennzeichnet; sie unterliegen den Bestimmungen der GNU Freie Dokumentationslizenz. Diese besagt: Wenn ein Urheber oder Copyrightinhaber (Lizenzgeber) ein Werk unter diese Lizenz stellt, bietet er damit jedermann weitgehende Nutzungsrechte an diesem Werk an: Die Lizenz gestattet die Vervielfältigung, Verbreitung und Veränderung des Werkes, auch zu kommerziellen Zwecken. Im Gegenzug verpflichtet sich der Lizenznehmer zur Einhaltung der Lizenzbedingungen. Diese sehen unter anderem die Pflicht zur Nennung des Autors oder der Autoren vor und verpflichten den Lizenznehmer dazu, abgeleitete Werke unter dieselbe Lizenz zu stellen (Copyleft-Prinzip). Abbildungen, die wir der wikipedia entnommen haben, können also weiter verwendet werden, wenn die Bestimmungen der GNU Freie Dokumentationslizenz auch vom weiteren Verwender eingehalten werden. Details unter http://de.wikipedia.org/wiki/GNU-Lizenz.
Alle übrigen Abbildungen in diesem Buch, die Texte und das Layout unterliegen dem Copyright und dürfen ohne Genehmigung des Verlags bzw. des Copyright-Inhabers nicht weiter reproduziert oder gespeichert werden.

Erfolgsausgabe
2. Auflage 2018, Krummwisch bei Kiel
Copyright © 1984 / 1988 Edred Thorsson; Samuel Weiser, York Beach, Maine / USA
Copyright für die deutsche Ausgabe und die vorliegende Auswahl
© 1987 / 2001 / 2017 Königsfurt-Urania Verlag GmbH, D-24796 Krummwisch
www.koenigsfurt-urania.com

Umschlaggestaltung: Jessica Quistorff unter Verwendung der folgenden Bilder von Fotolia.com »Raven Spirit« © Heartland Arts und »wooden runes on the ground« © Alexandra Lande
Schmuckelemente: Hermann Betken unter Verwendung der Abbildung »beauty frame« © aalto, Fotolia
Bilder: siehe Bildquellen auf Seite 221

Übersetzungen: Martin Rometsch und Christa Ranzinger
Lektorat: Ulrich Magin
Satz, Layout, Bildauswahl: Antje Betken, Oldenbüttel
Druck und Bindung: Finidr s.r.o
Printed in EU

ISBN 978-3-86826-765-5 (Set: Buch und Karten)

INHALT

Historischer Hintergrund
7

Theorie des Runenorakels
15

Die Werkzeuge des Runenwerfens
23

Riten beim Runenwerfen
29

Methoden des Runenwerfens und -legens
44

Runensymbolik und Orakeltabellen
79 ff.

*Odin reitet auf seinem achtbeinigen Pferd Sleipnir,
Isländisches Manuskript aus dem 18. Jahrhundert*

Historischer Hintergrund

Das Wort »Rune« bedeutet »Geheimnis« oder »Mysterium«. Diese Grundbedeutung galt für alle germanischen Dialekte: altnordisch *rún*, althochdeutsch *rūna*, altenglisch *rūn* und gotisch *rūna*. Vermutlich geht das Wort auf eine Wurzel zurück, die ein Raunen oder Flüstern bezeichnete. Diese Zusammenhänge sind jedoch zweitrangig. Wichtiger ist die Idee, die mündlich und / oder durch Magie ausgedrückt wurde. Diese Idee wurde durch ein Zeichen dargestellt.

Als die germanischen Völker wie die Griechen und Römer zu schreiben begannen, nannten sie ihre Schriftzeichen »Runen«. Jede Rune symbolisierte ein Mysterium und wurde mit einem bestimmten esoterischen Prinzip verknüpft. (Das ist keine Überraschung, da die Schöpfer dieses Systems gleichzeitig die Hüter anderer intellektuellen und religiösen Wissens ihrer Kultur waren.) Außerdem benutzte man die Zeichen, um die gesprochene Sprache darzustellen und so die Zauberformeln zu erhalten. Diese Runen oder Runenstäbe »raunten Geheimnisse«. Mit ihrer Hilfe konnte man stumm und über große Zeitspannen und Entfernungen hinweg kommunizieren. Sie übermittelten Botschaften der Götter an die Menschen und der Menschen an die Götter und sogar an die Natur.

Wie wichtig das ist, weiß jeder, der sich für Magie oder Orakel interessiert. Obwohl die Runen keine Sprache im üblichen Sinne sind, stellen sie eine Metasprache dar, ein Symbolsystem, das mehr Bedeutungen übermitteln kann als die natürliche Sprache. Das gelingt auch der Dichtung, und die klassische germanische Dichtkunst geht sehr wahrscheinlich auf die Runenorakel zurück.

Mit dieser Metasprache können wir bedeutsame Zwiegespräche mit der inneren und äußeren Umwelt führen – genau das drückt die wahre Bedeutung des Wortes »Rune« aus. Das alles wird verständlicher, wenn wir mehr über die alte germanische Kosmologie der vielen Welten und Seelen wissen.

Die Geschichte der Runen

In einem historischen, profanen Sinne stellen die Runen ein »Alphabet« dar, das die germanischen Völker seit uralten Zeiten bis Anfang des 20. Jahrhunderts (in abgelegenen Gegenden Skandinaviens) benutzten. Diese ununterbrochene Tradition erlebte allerdings viele Transformationen. Wir dürfen nicht vergessen, dass die Runen zwar ein Symbolsystem (eine Metasprache), aber keine Sprache im üblichen Sinne sind. Jede natürliche Sprache, zum Beispiel Englisch, Russisch oder Japanisch, lässt sich theoretisch mit Runen schreiben.

Allerdings wurden die Runen außerhalb des germanischen Sprachraumes – etwa bei Kelten oder Finnen – nie verwendet.

Das älteste Runensystem ist das »ältere Futhark«, das aus 24 Stäben besteht. Es wurde möglicherweise schon um 200 v. Chr., spätestens aber um 100 n. Chr. verwendet (die älteste bisher gefundene Inschrift ist die Meldorf-Brosche, die etwa 50 n. Chr. entstand). In Skandinavien benutzte man dieses System ohne Unterbrechung bis etwa 800 n. Chr. Danach wurde es auf die 16 Stäbe des »jüngeren Futhark« reduziert. Bereits zur Zeit des älteren Futhark (schon um 450 n. Chr.) entwickelten die Friesen und Angelsachsen ein Futhark aus 28 Stäben, das bis etwa 1050 weiter ausgebaut und auch auf Manuskripten benutzt wurde. Eine südgermanische Runentradition blühte im 6. und 7. Jahrhundert vor allem in Bayern, Alemannien und Thüringen.

In Skandinavien löste das südeuropäische Alphabet nach und nach das Futhark aus 16 Stäben ab. Es wurde zu Beginn des sogenannten Wikingerzeitalters eingeführt. Man löste die charakteristische Reihenfolge des Futhark auf und ordnete die Stäbe alphabetisch. Um das Jahr 1300 war diese Reform weitgehend abgeschlossen. Runenlieder belegen jedoch, dass die esoterische Tradition des Futhark bis ins 15. Jahrhundert überlebte.

Das Wissen um die Runenstäbe als Schriftzeichen starb allenthalben fast ganz aus, abgesehen von Skandi-

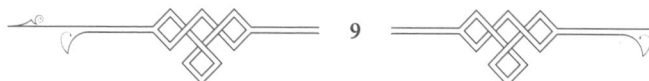

navien, wo Priester, Händler und Bauern die Runen als nützliche alternative Buchstaben (besonders zum Einkerben) weiter verwendeten. Später blieb die Runenkunde nur in abgelegenen Gegenden im Inneren Skandinaviens erhalten.

Runenwerfen in Geschichte und Literatur

Ohne die schriftlichen Quellen, vor allem altnordische und lateinische Texte, wäre es schwierig, das historische Runenwerfen wissenschaftlich zu erforschen. Diese Berichte und bestimmte darin vorkommende Worte geben uns viele Hinweise auf Runenriten und andere Orakel. Allerdings entstanden diese Texte erst im Mittelalter, und obwohl sie sicherlich auf viel ältere Quellen zurückgehen und archaische Praktiken widerspiegeln, dürfen wir den zeitlichen Abstand nicht außer Acht lassen. Zudem sind die Informationen Teile von »Sagas«, also dichterischen Werken, und daher vielleicht gewissen literarischen Konventionen unterworfen. Beide Vorbehalte sind jedoch angesichts der vielfältigen Überlieferung nicht sehr schwerwiegend.

In archäologischen Berichten gibt es keine eindeutigen Belege für Runenstäbe, die zum Weissagen geschnitzt wurden, aber das liegt sehr wahrscheinlich daran, dass man sie auf leicht verderbliches Material ritzte oder nach

Gebrauch rituell vernichtete. Erstaunlicherweise finden sich in der altnordischen Literatur auch keine unmittelbaren nichtmythologischen Hinweise auf das Runenwerfen. Dennoch können wir dank linguistischer Indizien und der Berichte in historischen Texten ziemlich sicher sein, dass diese Methode bekannt war.

Holzstücke, in die einzelne oder mehrere Runen gekerbt wurden (meist mit Blut oder roter Farbe gefärbt), heißen im Altnordischen *hlaut-teinar* (Sg. *hlaut-teinn*), das heißt »Loszweige« (Snorri Sturluson nennt sie auch »Blutzweige«), oder *hlaut-vidhar,* was »Loshölzer« bedeutet. Das germanische Wort *stabaz* (»Stab« oder »Stock«) hat wohl etwas damit zu tun, dass man Runen in Holzstücke einritzte, die höchstwahrscheinlich zum Weissagen benutzt wurden. Die germanischen Worte *runō* und *stabaz* waren dabei so eng mit diesen Orakeln verbunden, dass sie schließlich zu Synonymen wurden. Ein interessanter zusätzlicher Beleg dafür ist das altenglische Wort *Wyrd-stæf* (»Stab des Wyrd«), offenbar ein Hinweis auf die Verwendung für Orakel.

Die altgermanischen Dialekte sind voll von zusammengesetzten Wörtern, die auf Runen oder Stäbe anspielen. Einige davon sind technische Beschreibungen (AN *málrúnar,* Sprechrunen, AN *blódhgar rúnar,* blutige Runen, AHD *leodruna* Liedrunen usw.). Andere deuten an, wofür sie benutzt wurden (AN *brim-rúnar,* Meerrunen, die das Meer beruhigten, *bjarg-rúnar,* Geburtsrunen, die bei der Entbindung halfen, usw.). Einige Bezeichnungen spielen anscheinend auf die Ergebnisse des Runenwerfens an. Manche sind günstig (AN *líknstafir*, Gesundheitsstäbe, AN *gaman-rúnar*, Spaßrunen, AN *audh-stafir*, Stäbe des Reichtums, AN *sig-rúnar*, Siegesrunen), andere ungünstig (AN *myrkir- stafir*, dunkle Stäbe, AN *böl-stafir*, böse Stäbe, AE *beadu-run*, Streitrune, AN *flærdh-stafir*, Täuschungsstäbe).

Was das Runenwerfen betrifft, liefert uns Tacitus im 10. Kapitel seiner *Germania* (um 98 n. Chr.) die beste Beschreibung. Früher war es umstritten, ob die *notae* (Zeichen), die er erwähnt, tatsächlich Runen waren; denn man glaubte, die älteste Inschrift sei erst um 150 n. Chr. entstanden. Die Entdeckung der Meldorf-Brosche (etwa 50 n. Chr.) bewies jedoch, dass die Runen schon bekannt waren, bevor die *Germania* geschrieben wurde. Tacitus berichtet:

Auf Vorzeichen und Losorakel achtet niemand soviel wie sie. Das Verfahren beim Losen ist einfach. Sie schneiden von einem fruchttragenden Baum einen Zweig ab und zerteilen ihn in kleine Stücke; diese machen sie durch Zeichen kenntlich und streuen sie planlos und wie es der Zufall will auf ein weißes Laken. Dann betet bei einer öffentlichen Befragung der Stammespriester, bei einer privaten der Hausvater zu den Göttern, hebt, gen Himmel blickend, nacheinander drei Zweigstücke auf und deutet sie nach den vorher eingeritzten Zeichen. Lautet das Ergebnis ungünstig, so findet am gleichen Tag keine Befragung mehr über denselben Gegenstand statt; lautet es jedoch günstig, so muss es noch durch Vorzeichen bestätigt werden.

Im *Gallischen Krieg* (Buch I, 53) erwähnt Cäsar um 58 v. Chr. ebenfalls das »dreimalige Befragen der Lose« *(ter sortibus consultum)*. Das muss also ein wichtiger Teil der germanischen Orakel gewesen sein.

Auch drei Passagen der Edda geben einen magischen und ziemlich rätselhaften Einblick in die Weissagung mit Runen. Alle drei haben einen mythischen Hintergrund. In der *Völuspá*, Str. 20: »(Die Nornen) kerbten Holz, erließen Gesetze, wählten Leben aus, kündeten das Schicksal« (AN *ørlög*). Im *Hávamál*, Str. 79, lesen wir: »Es hat sich bewährt, die Runen zu fragen, die von den Göttern kommen« (AN *regin*, göttliche Ratgeber). In Strophe 111 finden wir diese vielsagende Passage:

> *Zeit ist's zu reden*
> *Vom Rednerstuhl.*
> *An Urdrs Brunnen*
> *Saß ich und schwieg,*
> *Saß ich und dachte*
> *Und merkte der Männer Reden.*

Von Runen hörte ich sagen
Und vom Ritzen der Schrift
Und vernahm auch nütze Lehren.
Bei des Hohen Halle,
In des Hohen Halle
Hört ich sagen so …

Diese Verse berichten nicht nur von der Prozedur als solcher – das gelang auch dem unkundigen Tacitus –, sondern auch davon, was im Kopf des Runenwerfers vorging. Dazu ist nur ein Kenner, ein erfahrener Runenwerfer imstande. Es gibt weitere Berichte von christlichen Beobachtern, die kaum mehr verraten, als dass die Zahl drei von großer Bedeutung war.

Theorie des Runenorakels

Ein erulanischer Runenwerfen der alten Zeit hatte vermutlich eine andere Einstellung zu den Runen als wir, und selbst heute gibt es unterschiedliche Ansichten. Warum also befassen wir uns hier mit der Theorie des Runenorakels? Warum üben wir nicht einfach, ohne uns um die Theorie zu kümmern?

Für jemanden, dem es um authentische Runenkunde geht, sind solche Fragen natürlich absurd, denn es liegt in seiner Natur, zu forschen und anzuwenden und tiefer in das Geheimnis der Runen einzudringen. Wenn die Runen mehr sind als »Wahrsagerei« – und sie sind gewiss mehr –, müssen wir versuchen, sie in allen ihren Aspekten zu verstehen. Die »Theorie« ist also im Grunde ein Weg in die Praxis.

Nach der Tradition ist das Runenwerfen eine unmittelbare Kommunikation zwischen den Menschen und den Gottheiten der verschiedenen Ebenen. Diese Kommunikation erfolgt in der Metasprache der Götter – mit den Runen –, der äußeren Form von Odins Geschenk. Die Runenstäbe, das damit verbundene Wissen und die Riten der Befragung galten ebenfalls als Gabe der Götter. Der erste »Runenwerfer« war Odin oder Ódhinn selbst, und wer Runen wirft oder legt, imitiert

Odin mit seinen Raben Huginn und Muninn
Isländisches Manuskript aus dem 18. Jahrhundert

letztlich eine göttliche Handlung. Das ist im Wesentlichen die traditionelle Theorie des Runenwerfens, zumindest die der Odianer. Andere Völker der alten Zeit hielten das Orakel für ein »Sprachrohr der Götter«, und die Odianer bestärkten sie wahrscheinlich darin.

Diese exoterische Auffassung ist durchaus nicht falsch. Sie übersieht jedoch, dass der Runenwerfer während des Rituals selbst zu einem »Gott« wird. Um mit der verborgenen transpersonalen Wirklichkeit (den Runen) wahrhaftig zu kommunizieren, muss er diesen Status annehmen. Die Runen reichen dann das Ergebnis des Wurfes an das menschliche Bewusstsein des Werfers (vielleicht auch der Zuschauer) weiter. Das Runenwerfen ist also kein passives Unterfangen. Der Wille, die Fähigkeiten, das Wissen und die Existenzebene des Werfers sind äußerst wichtig – ohne sie blieben die Runen für immer verborgen.

Ein anderer Aspekt der traditionellen Theorie betrifft die »Schicksalsgöttinnen«, die in germanischen Mythen zahlreich sind. Man kann ihnen grob drei Zuständigkeitsbereiche zuschreiben. Die Großen Nornen (AN *nornir*) Urdhr, Verdhandi und Skuld symbolisieren Aktion und Reaktion, Ursache und Wirkung, Zeit und Synchronizität. Daneben gibt es noch die »Träger des Schicksals«, die einem Individuum zugeordnet sind, dessen Schicksal (AN *ørlög*) sie tragen. Sie beeinflussen demnach unser Leben und unser Tun. In gewissem

Umfang versucht der Runenwerfer, mehr über diese Wesenheiten zu erfahren. Zu den Wesen dieser Gruppe gehören Geister und untergeordnete Nornen *(nornir)*, mitunter auch die Walküren *(valkyrjur)* und die Toten *(disir)*. Außerdem gibt es noch die »Führer«, die dafür sorgen, dass die Runenlose in bestimmter Weise fallen oder ausgelegt werden. Solche Führer können Nornen, Verstorbene oder sogar Walküren sein. Die Odianer betrachten sie lediglich als Aspekte ihres Selbst.

Die Runen und das Schicksal

Die Rune *perthro* ist von entscheidender Bedeutung, wenn wir verstehen wollen, wie ein Runenorakel zustande kommt. Diese Rune enthält das geheime Wirken der drei Großen Nornen Urdhr, Verdhandi und Skuld, den gewaltigen Kräften des Kosmos und damit der Zeit (einschließlich der Synchronizität), der Bewegung (also Ursache und Wirkung) und allen Werdens. Nach der *Völuspá*, Str. 8, der *Lieder-Edda*, handelt es sich um dunkle *Etin*-Kräfte.

Die Essenz ihres Mysteriums ist in ihren Namen verborgen. Urdhr (AE *Wyrd*) ist das Partizip Perfekt des Verbs *verdha*, werden, wenden (das AE *Wyrd* ist nach dem Verb *weordhan* gebildet). Urdhr bedeutet also »das, was geworden ist«, mit anderen Worten: »die Vergangenheit«. Verdhandi ist das Partizip Präsens desselben Verbs und bedeutet demnach »das, was wird«: »die Gegenwart«. Skuld stammt von einem anderen Verb, nämlich *skulu,* mit der Bedeutung »soll«. Es unterscheidet sich qualitativ von den beiden anderen und bedeutet »das, was sein soll«. Im Altnordischen ist dies eine Anspielung an die Pflicht, aber in der älteren Zeit meinte man damit nur das, was aufgrund vergangener Umstände geschehen sollte.

Äußerst wichtig ist auch die Erkenntnis, dass die Zeitvorstellung der alten Germanen auf einem Modell »Vergangenheit und Nicht-Vergangenheit« basierte. Selbst im modernen Deutsch gibt es genau genommen keine grammatische Zukunftsform, denn wir benutzen ja das Hilfszeitwort *werden,* um das Futur zu bilden. Das ist ein gemeinsamer Zug der germanischen Sprachen (Englisch, Deutsch, Niederländisch und skandinavische Dialekte). Aber wir haben eine echte Vergangenheitsform, weil die Vergangenheit für die Germanen real war, die Zukunft jedoch hypothetisch und wandelbar und die Gegenwart ein ewig werdendes Jetzt.

Wenn wir diese Gedankengänge verstehen, wird uns auch klar, was die Germanen unter dem »Schicksal« (AN *ørlög*) verstanden. Es ist nicht unveränderlich, sondern wird durch andauerndes Tun ständig transformiert. Dennoch ist *ørlög* eine mächtige Kraft, der nur wenige entfliehen können, wenn sich bestimmte Verhaltensmuster erst einmal verfestigt haben. Der bekannte germanische »Fatalismus« ist zum größten Teil auf ein exoterisches Verständnis dieses Prozesses zurückzuführen. Unser »Skuld« wird von unserem »Urdhr« oder »Wyrd« beeinflusst und sogar bestimmt. *Wyrd* ist seinem Wesen nach »vergangenes Tun«, das unser Selbst hervorgebracht und in sich aufgenommen hat. Fügen wir nun diesem bereits sehr komplexen Geflecht die germanische »Wiedergeburt« (AN *aptrburdhr*) hinzu, erhalten wir ein noch komplizierteres Bild. *Wyrd* ist so übermächtig, weil seine Wurzeln meist in der fernen Vergangenheit verborgen sind – sie sind so tief in uns eingedrungen, dass wir sie nicht sehen. Die schiere Komplexität des *Wyrd*-Gewebes – alles vergangene Agieren und Reagieren auf sämtlichen Ebenen des Seins während der gesamten Zeit unserer »essenziellen Existenz« – macht es uns enorm schwer, einzelne *Wyrd*-Fäden zu verfolgen. Auf der fundamentalen Ebene können wir die Macht des *Wyrd* als »Macht der Gewohnheit« bezeichnen. Mit Hilfe der Runen versuchte der Werfer, zu den Wurzeln (zur *Wyrd*-Ebene) des Problems vorzudringen.

Das *ørlög* ist eine komplexe Idee. Es bedeutet »Ur-Ebenen« oder »Ur-Gesetze« und weist auf ein Handeln hin, das in der Vergangenheit »niedergelegt« wurde. Doch *ørlög* ist sowohl unser vergangenes Tun (in dieser und vielleicht in früheren Existenzen unseres essenziellen Selbst) als auch das, was andere (oder unpersönliche

Kräfte) uns während dieser Zeit zugefügt haben. Der Runenmeister will also durch das Werfen der Runen nicht nur Ursache und Wirkung erforschen. Der nornische Prozess formuliert eine Reihe von Wahrscheinlichkeiten, deren Basis viele komplexe Aktionen und Reaktionen auf zahlreichen Existenzebenen sind. Das Werfen der Runen ist ein Versuch, ein Bild dieses *Wyrd*-Gewebes zu reproduzieren, so dass sein Inhalt analysiert und gedeutet werden kann. Die Theorie, die dem germanischen Modell am nächsten kommt, ist die Lehre von der Synchronizität des Schweizer Psychologen C. G. Jung. Synchronizität heißt, das äußere Ereignisse mit einem inneren Ereignis sinnvoll zusammenfallen. Dann können wir unsere Seele und die ganze Welt in gewissem Umfang beeinflussen, sofern wir uns der Synchronizität bewusst sind.

Beim Werfen der Runen geht es weniger darum, künftige Ereignisse vorherzusagen, als darum, die inneren und äußeren Verhältnisse (die Seele und die Runenstäbe) so zu ordnen, dass das Zentrum des *Wyrd*-Gewebes lesbar wird. Von diesem Zentrum aus können wir fast das gesamte Gewebe unserer Umwelt deuten. Vielleicht sehen wir sogar die ganze Welt: Vergangenheit und »Gegenwart«, archetypisch und profan. Die Fäden im Gewebe des *Wyrd* können bewusst gemacht werden; dann sehen wir auch die Wahrscheinlichkeiten im Umfeld eines Ereignisses.

Wenn wir das Yggdrasill-Muster als vierdimensionales Gewebe betrachten und das Werfen der Runen als Methode der Bewusstseinserweiterung entlang den breiten Wegen, die zu den neun Welten führen, dann ist das Werfen der Runen ein Verfahren, das Bewusstsein von einem Mittelpunkt *(midhgardhr)* aus zu erweitern. Doch *midhgardhr* ist nicht nur das Werden der Welten Yggdrasills, sondern auch die Saat, aus der neues Leben wächst. Wenn wir Runen werfen, sehen wir die wahrscheinlichen Muster dieses Wachstums.

Die Werkzeuge des Runenwerfens

Als Orakel ist das Runenwerfen erstaunlich vielseitig. Theoretisch brauchen Sie nur 24 Papierschnitzel, auf die Sie die Runen gezeichnet haben – denn die »Magie« liegt in Ihnen, nicht in den Gegenständen. Für die meisten Runenwerfer sind jedoch haltbare Runenstäbe und einige Werkzeuge wichtig, um das Gefühl der Verbindung, Hingabe und Intensität zu bewahren.

Auf welche materiellen Objekte Sie die Runen malen, bleibt Ihnen überlassen. »Stäbe« können Sie aus Holz, Knochen, Steinen, Ton oder einem anderen Material von beliebiger Größe und Form herstellen. Nur eines empfehle ich Ihnen dringend: Machen Sie Ihre Runenstäbe selbst. Dafür gibt es zwei Gründe: Erstens sind die Stäbe so einfach, dass jeder sie mühelos herstellen kann, und zweitens sind selbst Papierschnitzel, auf die Sie mit Kugelschreiber Runen zeichnen, bessere Talismane als Runen aus der Fabrik; denn Sie haben bei der Anfertigung Ihre eigene Energie in die Stäbe fließen lassen. Andererseits ist es besser, mit guten gekauften Runen anzufangen, als die eigentliche Arbeit zu lange aufzuschieben.

Welche Art von Runen Sie letztlich benutzen wollen, ist eine Frage des Geschmacks und der Vorliebe.

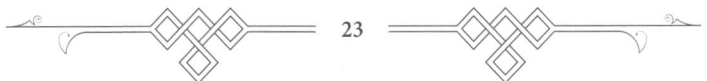

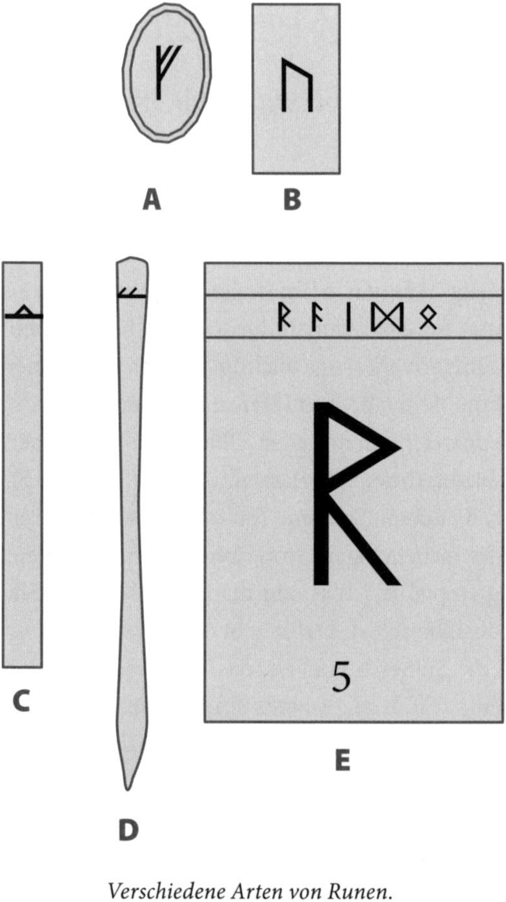

Verschiedene Arten von Runen.
A eine kleine, runde Holzscheibe,
B ein Stab aus einem kleinen, rechteckigen Holzstück,
C ein kurzer und D ein langer Stab,
E eine Runenkarte.

Ich rate Ihnen, eine Weile zu experimentieren und es selbst herauszufinden. Vielleicht ziehen Sie in der Praxis etwas anderes vor als in der Theorie.

Es gibt mehrere Arten von Runen: kleine runde aus Ton, Holz oder Knochen; kleine rechteckige aus Holz; kurze oder lange, schmale Stücke; Runenkarten. Die Abbildung auf der folgenden Seite zeigt einige Beispiele.

Einige Arten von Runen eignen sich zwar besser für bestimmte Wurf- oder Legesysteme, aber im Grunde können Sie für fast jede Methode jede Art von Runen verwenden. Kleine, runde Runen können Sie aus Ästen oder Dübeln mit einem Durchmesser von etwa 2 cm herstellen. Schneiden Sie den Ast in Abständen von ungefähr 0,7 cm in Teile. So erhalten Sie kleine Scheiben, in die Sie die Runenzeichen ritzen können. Auch Holzperlen sind brauchbar, aber für einige Methoden des Werfens wenig geeignet, weil sie wegrollen.

Kleine, rechteckige Runen können Sie aus sorgfältig geglätteten, dünnen Holzscheiben herstellen. Diesen Typ hat Tacitus wahrscheinlich beschrieben. Ebenfalls geeignet sind dünne Scheiben aus Furnierholz. Kürzere Runenstäbe machen Sie aus 5 bis 8 cm langen Zweigen oder aus quadratischen Hartholzstücken. Solche Runen lassen sich am bequemsten in der Hosen- oder Handtasche tragen.

Die längeren Stäbe sind wohl die traditionelle Form. Zwar wurden nie welche gefunden, aber alte Urkunden

weisen in diese Richtung. Solche Runen fertigen Sie am besten aus etwa 15 cm langen und an der Spitze l cm breiten Zweigen an. Es genügt, wenn Sie am dicken Ende ein kleines Stück glätten und die Runen einritzen.

Das Material kann durchaus von Bedeutung sein. Organische Substanzen wie Holz oder Knochen sind am besten. Holz ist natürlich das traditionelle Material, aber man verwendete wohl auch Knochen und sogar Edelmetalle für Orakel. Die Symbolik des Holzes war in der germanischen Kultur eindeutig. Es erinnert an den Weltenbaum Yggdrasill, an dessen Fuß die Quelle des *Wyrd* entspringt und in dessen Wurzeln und Ästen die Runenstäbe als mächtiges Gewebe schimmern. Lassen Sie sich von Ihrer Intuition leiten, wenn Sie das Holz für Ihre Stäbe aussuchen. Tacitus berichtet, dass Äste von Obst- oder Nussbäumen verwendet wurden; aber es ist vielleicht wichtiger, ein Holz zu wählen, das Ihnen etwas bedeutet. Sie können auch mehrere Arten von Holz benutzen, wobei jede Art der eingekerbten Rune entspricht.

Traditionell färbt man die Runen mit rotem Ocker; aber auch andere rote Farben sind geeignet. Einst wurde natürlich Blut verwendet, aber selbst in vorgeschichtlichen Zeiten galt roter Ocker als guter Ersatz. Sie können auch verschiedene Farben nehmen und dabei Ihrer Intuition folgen. Meiden Sie jedoch Weiß, weil das Tuch, auf das Sie die Runen werfen, ebenfalls weiß ist.

Sie können beim Runenwerfen der Tradition folgen, sich etwas ganz Neues ausdenken oder beide Elemente verbinden. Das ist einer der großen Vorzüge dieses Orakels.

Das Tuch, auf das Sie die Runen werfen, sollte aus weißem Stoff bestehen, weil die Farbe Weiß die magische Summe aller anderen Farben ist. Auf dem weißen Tuch weben die Runen gemeinsam ihr Energiemuster. Als Material eignet sich Leinen oder ein anderer natürlicher Stoff, und das Tuch sollte etwa 122 cm² groß sein.

Manche Runenwerfer schmücken ihr Tuch. Später beschreibe ich Methoden, bei denen die einzelnen Abschnitte des Tuches unterschiedliche Bedeutung haben (siehe Abbildung auf S. 40). Sie können dieses Muster auf das Tuch sticken oder es sich mit dem *hugauga*, dem magischen Auge, vorstellen. Die Linien sollten dunkelblau oder schwarz und so dünn wie möglich sein. Das ist ein praktischer Gesichtspunkt, der die Deutung erleichtert.

Bewahren Sie die Runen in einem geeigneten Behälter auf. Ideal ist ein Lederbeutel oder ein Holzkasten. Das ist sehr wichtig, wenn Sie Ihre Runen als Talismane mit eigenem *ørlög* benutzen wollen.

Manche Runenwerfer werfen die Runen aus einem Würfelbecher (mit dem Holzkästchen geht es ebenfalls). Der Becher kann aus Holz, Horn oder Leder bestehen und jede Form haben, die Ihnen gefällt. Er muss nur groß genug sein, um alle 24 Runen problemlos aufzunehmen. Behandeln Sie auch diesen Becher als *taufr* (Talisman), und »laden« Sie ihn mit der Rune *perthro*. Bei sehr formellen Riten, vor allem wenn sie kosmische Bedeutung haben und von echten Erulianern ausgeführt werden, wird auch ein dreibeiniger, mit Goldfarbe bemalter Hocker, AN *thulr,* benötigt (für die meisten anderen Zwecke ist das aber nicht notwendig). Der Runenwerfer setzt sich auf den Hocker, ehe er mit der Deutung beginnt.

Riten beim Runenwerfen

Riten sind beim Runenwerfen aus zwei Gründen wichtig: erstens, damit die heilige Handlung nicht den Charakter eines Gesellschaftsspiels annimmt, und zweitens, damit der Runenwerfer in einen Zustand der konzentrierten Bewusstheit gerät, der die Qualität des Wurfes und der Deutung verbessert. In diesem besonderen Bewusstseinszustand kann der Runenwerfer sich auf die Frage oder die allgemeine Lebenssituation konzentrieren und so mit den Nornen Verbindung aufnehmen. Wenn Sie einige Zeit mit Runen gearbeitet haben, spüren Sie, dass diese Verbindung manchmal gut, ein andermal weniger gut ist. Um diesen Zustand regelmäßig zu erreichen, ist innere rituelle Arbeit erforderlich.

Sie können Ihre eigenen Rituale zusammenstellen, aber ich empfehle Ihnen dringend, einige Male die folgenden Beispiele auszuprobieren, um herauszufinden, ob die traditionellen Methoden für Sie geeignet sind. Es ist sehr bedauerlich, dass die alte germanische Überlieferung so vernachlässigt wird, obwohl wir die Methoden, die Jahrhunderte lang benutzt wurden, genau kennen. Den alten Quellen zufolge ist dieses komplexe Ritual das älteste:

1 Zuschneiden und Beschriften der Runen
2 Anrufen der Nornen oder Götter
3 Werfen der Runen auf das weiße Tuch
4 Anrufen der Götter oder anderer Wesenheiten
5 Auswahl der Runen (jeweils drei oder ein Mehrfaches von drei)
6 Platznehmen auf dem *thulr*
7 Deuten der Runen

Die Zeit

Die Jahreszeit und die Tageszeit sollten vor allem bei wichtigen Weissagungen berücksichtigt werden. Traditionell richtet der Runenwerfer sich l. nach der Position der Sonne im Jahreszyklus, 2. nach der Mondphase und 3. nach der Position der Sonne im Tageszyklus. Natürlich sollte die gewählte Zeit zur Art der Weissagung oder der Frage passen. Wenn die Frage sich auf einen Neubeginn bezieht, sind zum Beispiel das Julfest (etwa 21. Dezember bis 2. Januar), Ostern oder Ostara (das Frühlingsfest etwa um die Tagundnachtgleiche) oder die Nächte gleich nach dem Neumond oder kurz vor dem Vollmond bei Sonnenuntergang geeignet. Die ersten drei Nächte nach dem Neumond sowie die fünfte, siebente, achte, neunte, zwölfte, neunzehnte, zwanzigste, dreiundzwanzigste und sechsundzwanzigste Nacht des Mondes sind für Orakel ebenfalls günstig. Um die richtige Nacht zu finden, beginnen Sie mit der ersten Nacht nach dem Neumond zu zählen. Der Mondzyklus umfasst bekanntlich 28 Nächte. Esoterische Fragen stellen Sie den Runen am besten nachts, exoterische (profane) am Tag. Denken Sie aber daran, dass diese Zeitpunkte ein Ritual lediglich optimal machen und nicht unbedingt eingehalten werden müssen.

Der Ort

Aus praktischen Gründen werfen Sie die Runen wahrscheinlich meist zu Hause. Sie können den »heiligen Ort« in Form des weißen Tuches mit sich herumtragen, sollten aber bei besonders wichtigen Weissagungen auch an andere heilige Orte denken. Am günstigsten sind Plätze unter heiligen Bäumen – Eichen, Birken, Eiben, Eschen – oder an einer natürlichen Quelle (am besten südlich von ihr) oder an einem künstlichen Brunnen. Auch der Gipfel eines Hügels ist gut geeignet. Im Freien können Sie den *rede* der alten Tradition besser befolgen und zum Himmel hinaufschauen, wenn Sie die Runen ziehen. Wenn Sie nachts beim Ziehen der Runen zum Polarstern – ins Auge Odhinns – blicken, nehmen Sie besonders viel Energie auf.

Runen als Talismane

Die materiellen Gegenstände, in die Sie Runen ritzen, haben verschiedene Namen: Stäbe (AN *stafir*), Zinken oder Zähne (AN *teinar*) oder Lose (AN *hlautar*), aber sie alle sind *taufar*, Talismane. Der Werfer sollte sich auf den Namen und die Bedeutung der Rune konzentrieren, wenn er sie mit roter Tinte auf ein Stück Karton zeichnet – auch so kann man echte Runen herstellen. Formeller müssen Sie vorgehen, wenn Sie 24 Runen-Zinken herstellen wollen, die mit Lebenskraft geladen sind, so dass Sie unmittelbar mit den Nornen, mit dem Allvater und mit allen Kräften Ihres Selbst Kontakt aufnehmen können.

Das Zuschneiden der Runen

Wenn Sie die Runen aus einem lebenden Baum zuschneiden möchten, können Sie die Prozedur mit einem Ritual abschließen. Wählen Sie einen oder mehrere Bäume aus, und gehen Sie in der Morgen- oder Abenddämmerung oder um Mitternacht zu dem Baum. Der Zeitpunkt sollte sich nach dem Charakter der Rune richten, die Sie schneiden wollen. Suchen Sie einen Ast, der sich zu jenem *ætt* oder *airt* des Himmels neigt, dem die Rune angehört. Bevor Sie die Rune schneiden, halten Sie das Hammer-Ritual ab oder einen ähnlichen heiligenden Ritus, der den ganzen

Baum mit Wurzeln und Ästen in die Arbeitssphäre einhüllt. Stellen Sie sich dann vor den Ast oder Zweig Ihrer Wahl, oder klettern Sie hinauf, falls nötig. Konzentrieren Sie sich auf die Macht des Baumes, und sprechen Sie das *formáli:*

> *Heil dir, Macht der (zum Beispiel) Eiche!*
> *Ich bitte dich, gib mir diesen Ast.*
> *In ihn sende deine Kraft,*
> *an ihn binde die Macht der Rune (zum Beispiel) fehu.*

Schneiden Sie jetzt den Teil des Astes ab, den Sie brauchen, und summen oder singen Sie dabei den Namen der Rune. Danken Sie danach dem Wicht des Baumes für sein Geschenk:

> *Wicht der Eiche, nimm meinen Dank.*
> *Von nun an sei deine Kraft in diesem Ast,*
> *fest gebunden an die Rune fehu!*

Dieses Ritual können Sie auch benutzen, wenn Sie einen großen Ast für alle 24 Runen abschneiden. Sprechen Sie einfach alle Runennamen aus. Für andere Materialien – Stein, Knochen, Metall usw. – wandeln Sie den Text entsprechend ab.

Das Laden der Runen

Mit der folgenden Prozedur stellen Sie unspezifische Talismane her, die mit der einfachen Essenz einer einzigen Rune geladen sind. Das können Sie an 24 verschiedenen Tagen tun und jedes Mal eine Rune laden. Sie können aber auch Runengruppen (z. B. des *ættir*) oder alle 24 Runen gemeinsam laden. Bereiten Sie die Runen vorher durch Glätten auf das Ritzen vor. Für das Ritual brauchen Sie einen Altar (AN *horg*) oder eine Bank, ein Ritual- oder Schnitzmesser, Farbe und einen zugespitzten Stab oder einen Pinsel sowie weitere Gegenstände oder Kleidungsstücke, die Sie für erforderlich halten. Gehen Sie zur rechten Zeit an den gewählten Ort, und fangen Sie an.

Eröffnung: Hierfür eignet sich der **Hammer-Ritus** am besten. Er heiligt den Platz und schützt ihn vor unerwünschten Gästen.

1 Wenden Sie sich dem Norden zu, heben Sie den rechten Zeigefinger und beginnen Sie mit *fehu* im Norden. Visualisieren Sie ein helles rotes Licht, das von der Fingerspitze ausgeht, und »zeichnen« Sie mit diesem Licht die Runen des Futhark, so dass sie etwa zwei Meter entfernt im Kreis vor Ihnen stehen, ungefähr 30 cm hoch. Drehen Sie sich dabei im Uhrzeigersinn, und zeichnen Sie jede Rune so, dass der Kreis im Norden neben *fehu* mit *othala* endet.

Sprechen Sie den Namen der Rune aus, die Sie in die Luft zeichnen.

2 Wenden Sie sich erneut dem Norden zu, strecken Sie die Arme gerade nach vorne, und visualisieren Sie ein gleicharmiges Kreuz, das waagrecht auf der Ebene des Runenrings liegt, wobei Ihr Solarplexus den Mittelpunkt des Kreuzes bildet. Die Arme des Kreuzes enden an den Punkten, wo sie den Runenkreis im Norden, Süden, Osten und Westen schneiden. Stellen Sie sich eine Kugel aus schimmerndem blauem Licht mit rotem Äquatorband vor, die Sie einhüllt. Visualisieren Sie dann eine senkrechte Achse, die aus dem unendlichen Raum von oben kommt, Ihren Körper der Länge nach durchdringt, und im unendlichen Raum nach unten verschwindet. Spüren und sehen Sie die Energie, die von allen sechs Feldern in Ihren Solarplexus strömt und dort eine glühende rote Energiekugel bildet.

So zeichnen Sie die Hammer-Rune

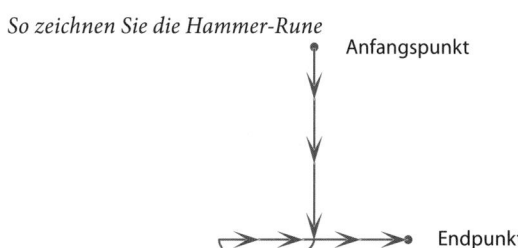

3 Legen Sie nun den rechten Zeigefinger auf den Solarplexus, leiten Sie einen Teil der Runenenergie in die Hand, stoßen Sie die Hand nach vorne, und lassen Sie die Energie vom Zentrum zu einem Punkt auf der Innenseite der äußeren Kugel strömen. Zeichnen Sie dann die Hammer-Rune wie in der Abbildung unten mit der gesammelten magischen Energie. Sprechen Sie dabei die Worte:
*»Hammer im Norden, weihe und schütze
diesen heiligen Ort!«*

Drehen Sie sich um 90° nach rechts, zeichnen Sie noch ein Hammer-Zeichen und sagen Sie:
*»Hammer im Osten, weihe und schütze
diesen heiligen Ort!«*
Im Süden sagen Sie:
*»Hammer im Süden, weihe und schütze
diesen heiligen Ort!«*
Und im Westen:
*»Hammer im Westen, weihe und schütze
diesen heiligen Ort!«*
Wenden Sie sich dann wieder nach Norden, schauen Sie nach oben und zeichnen Sie noch eine Hammer-Rune an die »Decke« der Kugel. Sprechen Sie dabei:
*»Hammer über mir, weihe und schütze
diesen heiligen Ort!«*

Projizieren Sie nun das Hammer-Zeichen auf den »Boden« der Kugel (nicht auf den Fußboden), und sagen Sie:
> *»Hammer unter mir, weihe und schütze*
> *diesen heiligen Ort!«*

Strecken Sie dann die Arme seitlich aus, so dass Sie einem Kreuz gleichen, und sagen Sie:
> *»Hammer, weihe und schütze*
> *diesen heiligen Ort!«*

Drehen Sie sich nach rechts, und wiederholen Sie diese Phase je einmal für alle anderen vier (oder acht) Richtungen und einmal für die senkrechte Achse.

4 Zentrieren Sie zum Schluss die Energien, indem Sie aus der Kreuzstellung die Arme so verschränken, dass die Finger den Solarplexus berühren. Sagen Sie dabei:
> *»Um mich herum und in mir, Ásgardhr*
> *und Midhgardhr!«*

Die Vorbereitung des Färbens (falls nötig): Wenn Sie die Farbe (z. B. Ocker und Leinöl) noch nicht vorbereitet haben, können Sie sie jetzt rituell mahlen. Wenden Sie sich im Sitzen dem Altar im Norden zu, mahlen Sie die Farbe mit dem Öl und singen Sie dabei:
> **Blut von Kvasir, sei nun gesegnet,**
> **die Macht der Runen blüht im Gemisch!**

Vorbereitende galdr: Stellen Sie sich in der Position der Rune *elhaz* (Arme im Winkel von 45° nach oben gestreckt) vor den Altar, und rufen Sie die Namen der Runen, die Sie laden möchten. Wiederholen Sie dann die Namen, und zeichnen Sie dabei die Runen mit dem Finger *(gandr)* über die rohen Runen. Sprechen Sie die Namen ein drittes Mal in der Elhaz-Position. So bereiten Sie die Runen auf ihre Aufgabe vor.

Ritzen: Setzen oder stellen Sie sich vor den Altar, und ritzen Sie die Runenzeichen in das Material, während Sie die Runennamen (oder ihren ganzen *galdr*) singen. Natürlich ritzen Sie in jeden Stab nur ein Zeichen. Während der Arbeit sollten Sie die leuchtende Runenenergie sehen und spüren – sie fließt bereitwillig aus dem Himmel, der Erde und der Unterwelt durch Ihre Mitte, Ihren Arm und das Messer in das Material. Visualisieren Sie, wie die Energie in den Ritzen verankert wird.

Färben: Tupfen Sie die Farbe mit einem dünnen Werkzeug (ein zugespitzter Stab ist ideal) oder einem dünnen Pinsel in die Ritzen des Runenstabes. Singen Sie wieder den Namen oder *galdr,* und denken Sie dabei an die tiefe Bedeutung des Mysteriums. Wenn Sie fertig sind, können Sie eine Weile über die Rune und ihre Bedeutung meditieren.

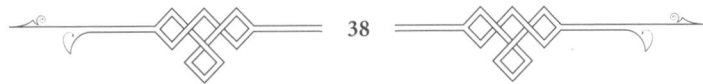

Laden (formáli): Der nächste Schritt ist ein poetisches *formáli,* das Sie über der Rune sprechen. Das kann ein alter, traditioneller Vers aus einem Runenlied sein oder ein Vers, den Sie selbst geschrieben haben. Mit diesen Versen können Sie auch bei einer Weissagung Ihr Gedächtnis auffrischen.

Imprägnieren: Um die Energie des Runenzeichens an den Stab zu binden, zeichnen Sie drei Ringe um den *taufr* (Talisman) und singen:

> ***Runenkraft, bleib***
> ***in den heiligen Runen,***
> ***damit sie immer rechten Rede raunen.***

Schluss: Legen Sie die Rune in ihren Behälter zurück, und singen Sie einen kurzen Schlussvers:

> ***Nun ist das Werk getan***
> ***mit der Macht der Runen.***
> ***So soll es sein!***

Runenwerfen

Das Werfen oder Legen der Runen muss nicht immer eine feierliche Angelegenheit sein. Doch je wichtiger die Frage ist, desto umfangreicher ist das Ritual des echten Runenwerfers. Das Ritual ist eine Art »magischer Rundumschlag« – je mehr Verbindungen zwischen der inneren und der äußeren Ebene Sie herstellen, desto größer ist die Chance, dass Sie den Kontakt wirklich spüren. In der Tradition bilden das Ritual und das Werfen ein Ganzes.

Vorbereitung: Legen Sie das weiße Tuch (falls Sie eines verwenden) so vor den Altar, dass eine breite Seite nach Norden zeigt. Je nach Art des Wurf- oder Legesystems steht der *Thulr*-Hocker (sofern Sie ihn benutzen) entweder südlich des Tuches oder nördlich davon vor dem Altar.

Eröffnung: Beginnen Sie mit dem Hammer-Ritus (siehe S. 34).

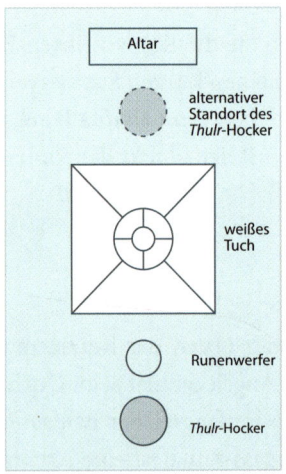

Die Anordnung der Elemente beim rituellen Runenwerfen

Anrufen der Nornen: Wenden Sie sich in der *Elhaz*-Position nach Norden, bitten Sie die Nornen, Ihnen beim Werfen zu helfen, und sprechen Sie:

> ***Kommt herbei auf geheimem Pfad***
> ***aus eurem verborgenen Heim***
> ***und zieht diese Lose, ihr Nornen. [Pause]***
> ***Urdhr, Verdhandi und Skuld.***

Mit diesem Spruch rufen Sie sowohl die persönlichen Nornen an als auch die Großen Nornen als unpersönliche, dynamische Quelle des ständigen Wandels.

Die Frage: Konzentrieren Sie sich nun eine Weile still auf Ihre Frage. Mischen Sie dabei die Runen in den Händen, oder schütteln Sie den Kasten oder den Becher. Sobald Sie einen engen Kontakt zwischen der Energie der Runen und der Frage spüren, wiederholen Sie stumm oder laut den folgenden Spruch:

> ***Rúnar, rádh rétt rádh!***
> ***oder Runen, raunt rechten rede!***

Werfen: Schauen Sie nach oben (zum Polarstern, wenn Sie im Freien sind), werfen Sie die Runen auf das weiße Tuch, und rufen Sie, während die Runen in der Luft sind:

> ***Urdhr, Verdhandi, Skuld!***

Wenn Sie die Runen nicht werfen, sondern legen, stellen Sie die Frage, um die es geht, während Sie die Stäbe oder Karten mischen. Auch in diesem Fall sprechen Sie abschließend die Worte »Runen, raunt rechten *rede!*« und »Urdhr, Verdhandi, Skuld!«

Anrufen Ódhinns: Wenn die Runen gefallen sind, blicken Sie weiter nach oben, nehmen die *Elhaz*-Position ein und sagen:

Ódhinn, öffne mein Auge,
damit ich die Stäbe sehe
und die Runen richtig deute. [Pause]
Ódhinn, Vili, Vé!

Wenn Sie wollen, können Sie an dieser Stelle auch Frigga anrufen.

Auswahl: Dieser Schritt entfällt, wenn Sie die Runen so deuten, wie sie auf dem weißen Tuch liegen. Ansonsten knien Sie nieder und ziehen mit geschlossenen Augen (dennoch nach oben schauend) die richtige Zahl von Runen. Es ist natürlich sehr wichtig, sich die Reihenfolge der Ziehung zu merken. Legen Sie die Runen also gleich nach dem Ziehen eine nach der anderen sorgfältig beiseite. Wenn Sie die Runen legen, bilden Sie mit ihnen das gewählte Muster.

Deuten: Wenn Sie einen *Thulr*-Hocker benutzen, setzen Sie sich mit dem Gesicht nach Norden und legen die Runen entsprechend dem gewählten Legesystem aus, entweder auf dem Altar oder auf dem Rand des weißen

Tuches. Wenn Sie die Runen nach dem Werfen deuten, stellen Sie den Hocker südlich des Tuches auf und analysieren die Konstellationen. Konzentrieren Sie sich, und sprechen Sie (vor allem dann, wenn Sie für jemand anderen deuten) diese etwas abgewandelten Verse aus dem *Hávamál* (Strophe lll):

> *Zeit ist's zu reden*
> *Vom Rednerstuhl.*
> *An Urdrs Brunnen*
>
> *Saß ich und schwieg,*
> *Saß ich und dachte*
> *Und hörte des Hohen Rede.*
>
> *Von Runen hörte ich raunen*
> *In der Halle von Hár,*
> *So hörte ich sie sagen,*
> *So deute ich sie richtig.*

Schluss: Schließen Sie mit den traditionellen Worten:
> *Nun sind die Worte von Hár gesprochen*
> *in der Halle des Hár!*

Bevor Sie die Runen schweigend in ihren Behälter legen, schreiben Sie ihre Deutung auf.

Methoden des Runenwerfens und -legens

Die fast zweitausend Jahre alte Beschreibung von Tacitus vermittelt uns eine gute Vorstellung von mindestens einer Methode des Runenwerfens. Es gibt jedoch noch viele andere traditionelle Methoden, die auf kosmologischen Prinzipien beruhen. In diesem Kapitel möchte ich einige der brauchbarsten Verfahren vorstellen, die zugleich am tiefsten in der Überlieferung verwurzelt sind.

Wie jedes andere Orakel – I Ging, Tarot, Astrologie usw. – beruht auch das Runenwerfen darauf, dass »bedeutsame Elemente« scheinbar zufällig auf »bedeutsame Felder« fallen. Aus den Kombinationen und wechselseitigen Beziehungen dieser Elemente ergibt sich die Interpretation. In unserem Fall sind die Runen die Elemente und die kosmologischen Konfigurationen die Felder. Eine der Schwächen anderer Bücher besteht darin, dass sie nicht auf diese traditionellen Bedeutungsfelder eingehen. Um diese zu verstehen, bedarf es gründlicher Kenntnisse der germanischen Kosmologie. Jede nachfolgend beschriebene Methode eignet sich für unterschiedliche Fragen oder Probleme. Es ist wahrscheinlich am besten, wenn Sie zunächst eine Methode gründlich erlernen und erst danach experimentieren. Bevor Sie Runen werfen, sollten Sie einige Übungen machen, damit Sie mit den Runen vertraut werden.

Deutungsübung 1

Legen Sie traditionelle Runenstäbe in der Reihenfolge des Futhark aus, und zwar im *Ætt*-Muster (siehe Abbildung S. 46). Zuerst kommt der erste *ætt* von F bis W, dann der zweite von H bis S und so weiter. Dann kehren Sie die Reihenfolge um, beginnen mit dem dritten *ætt* (O bis T) und machen mit dem zweiten und ersten weiter. Suchen Sie nach bedeutsamen Zusammenhängen zwischen den Runen.

Machen Sie anschließend eine ähnliche Übung mit den vertikalen Runenreihen quer durch die *ætt*: FHT, UNB und so weiter, zuerst von oben nach unten, dann von unten nach oben. Machen Sie diese Übungen an verschiedenen Tagen; sie schärfen Ihren Blick für die Beziehungen zwischen den Runen und machen sie lebendiger, als ein Buch oder ein Lehrer es könnte. Mit der Zeit begreifen Sie auch, dass die Runen ihre wahre Bedeutung dort offenbaren, wo die »äußeren« Runen sich mit Ihren »inneren« berühren. Dieser Prozess weckt allmählich Ihr inneres Runenleben. Notieren Sie bei jeder Sitzung Ihre Ideen.

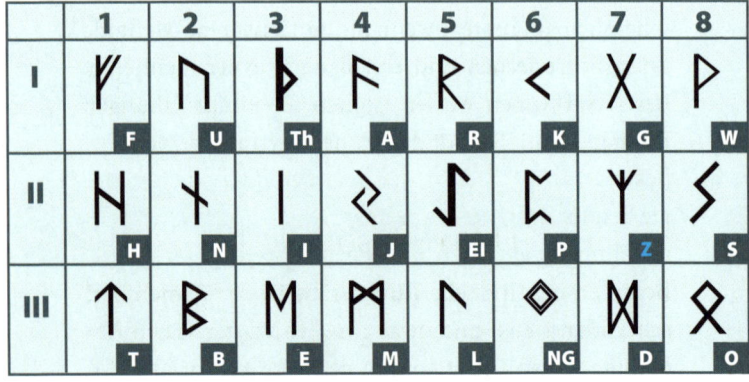

Das ältere Futhark nach ættir geordnet

Deutungsübung 11

Jetzt versuchen Sie herauszufinden, was die Runen für Sie persönlich bedeuten. Nehmen Sie jeden Tag eine Rune, und meditieren Sie über sie und die dazugehörigen Verse. Suchen Sie nach Verbindungen, und deuten Sie die Runen intuitiv. Schreiben Sie auch hier Ihre Ideen auf. Auf diese Weise erhalten Sie mit der Zeit persönliche Runentabellen, die Sie jedoch nicht als unveränderlich betrachten sollten – lassen Sie sie wachsen, während Sie »Ihre« Runen besser kennenlernen. Denken Sie aber daran, dass Ihre persönlichen Erkenntnisse nicht unbedingt für andere gelten. Die Runentabellen sind auf ähnliche Weise im Laufe einer zehnjährigen Arbeit auf der Basis der (alten und modernen) esoterischen Runentradition entstanden.

Die Aspekte

Beim Runenorakel müssen Sie genau überlegen, welchen Aspekt einer Rune Sie deuten wollen. Lesen Sie die Rune als helle oder dunkle Rune? Dass die negativen Aspekte der Runen, im AN *myrkstafir* genannt, für die Magie benutzt wurden, steht außer Frage. Wir dürfen auch annehmen, dass diese Deutungen für einige negativen Begriffe verantwortlich sind, die ich in Kapitel »Historischer Hintergrund« genannt habe. Manche »positiven« Manifestationen der Runen haben oft gefährliche Folgen, vor allem die Runen TH, H, N, I und Z. Es herrscht kein Mangel an düsteren Aspekten in der Runenreihe. Denken Sie daran, dass die Runen Ihre inneren Berater sind und daher imstande sein müssen, Sie zu warnen, bevor es zu spät ist, dem *Wyrd* zu entkommen.

Aspekte werden im Wesentlichen auf zwei Arten bestimmt: l. durch die Position einer Rune nach dem Werfen (verdeckt oder nicht, in einem Feld oder außerhalb); 2. durch den Winkel, den zwei Runen bilden. Die letztere Methode bedarf einiger Anmerkungen. Sicherlich ist Ihnen aufgefallen, dass die Runen hauptsächlich spitze oder stumpfe Winkelkombinationen und nur sehr wenige rechte Winkel aufweisen. Stumpfe Winkel machen den Geist dynamisch, rechte bewirken das Gegenteil (das war ein Thema okkulter Studien einiger deutscher Orden im späten 19. und frühen 20. Jahrhundert, die mindestens ein amerikanischer Orden heute noch fortführt). Nach der Überlieferung fördern stumpfe oder spitze Winkel die aktive, positive Interaktion zwischen den Runen, während rechte Winkel eine statische, negative Wirkung haben oder den Fluss der Runenenergie ganz blockieren.

Das Bestimmen eines Aspekts

Wenn eine Rune beim Werfen mit dem »Gesicht« nach oben liegen bleibt, gilt sie als heller Stab. Ist das Runenzeichen verdeckt, wird sie bei der Deutung entweder ignoriert oder als dunkler Stab betrachtet. Wie Sie die Runen interpretieren, müssen Sie vor dem Werfen festlegen, und es empfiehlt sich, an dieser Entscheidung auch künftig festzuhalten. Es ist allerdings üblich, umgekehrte Runen nicht zu berücksichtigen. Manchmal gelten auch jene Runen als dunkle Stäbe, die außerhalb der bedeutsamen Felder liegen bleiben oder nicht auf das weiße Tuch fallen. Auch das müssen Sie vorher festlegen.

Wenn Sie wollen, können Sie bei der Deutung den Winkel zwischen zwei wichtigen Runen (zumindest annähernd) messen. Ziehen Sie im Geiste Linien von den Runen durch den Mittelpunkt des Tuches, und bestimmen Sie dann den Winkel. Ein Beispiel finden Sie unten. Wenn das Ergebnis zwischen 5° und 45° oder zwischen 135° und 360° liegt, gelten die Runen als helle Stäbe. Liegt der Winkel zwischen 45° und 135° Grad, werden die Runen als dunkle Stäbe gewertet. Eine exakte Messung ist nicht notwendig.

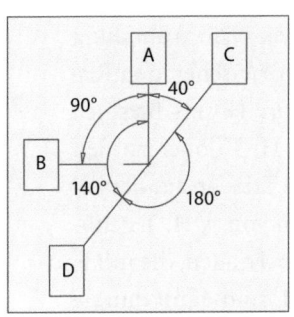 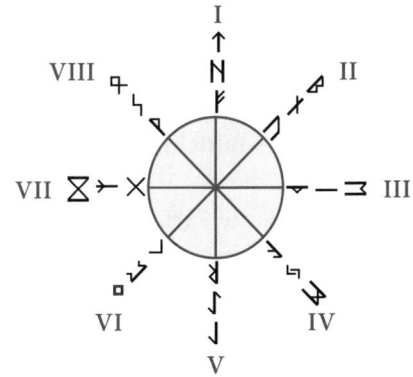

Die Messung der Winkel zwischen den Runen *Bestimmung der Aspekte mit Hilfe der ættir*

Diese Beziehungen sind wohl am besten zu erkennen, wenn Sie sich auf dem Tuch einen Kreis vorstellen, der in Viertel geteilt ist und von zwei Diagonalen geschnitten wird, die Sie benutzen, um die Position einer Rune im Vergleich zu den anderen zu bestimmen. Runen im selben Viertel oder im gegenüberliegenden Viertel gelten als helle Stäbe, Runen in den Vierteln daneben als dunkle Stäbe.

Je näher eine Rune am hellen Winkel liegt, desto günstiger ist sie. Nur jene Runen, die dem 90°-Winkel nahe sind, gelten als Blockaden. Auch Winkel um 180° haben einen dunklen Aspekt, der jedoch letztlich zu einem positiven Ausgang führt. Beim Werfen verdeutlichen solche Aspekte nur das, was die Deutung der Rune und ihres Feldes bereits ergeben hat (siehe Beispiel 3 auf Seite 63).

Aspekte dieser Art sind beim Runenlegen viel hilfreicher und leichter zu bestimmen. Die Abbildung links hilft Ihnen, die Beziehungen zwischen den Runen zu ermitteln. Nehmen wir *fehu* (F) als Beispiel. Runen, die zur selben Triade (F, H, T) oder zu den benachbarten Triaden oder zu den Triaden auf derselben Achse wie die Nachbartriaden von F, H, T gehören, gelten als helle Stäbe. Runen in Triaden, die mit F, H, T einen Winkel von 90° bilden, sind dann dunkle Stäbe, meist auch Blockaden (siehe Beispiel 1 ab Seite 52 und Beispiel 4 ab Seite 68).

Beachten Sie auch, dass der Platz, auf den eine Rune fällt oder gelegt wird, ebenfalls eine Rolle spielt. Das wird in den folgenden Beispielen näher erläutert. Dabei müssen Sie sich im Wesentlichen von Ihrer Intuition leiten lassen. Das Bestimmen der Aspekte stellt höhere Ansprüche an Kunst und Geschick des Runenwerfers. Sie können es nur durch Übung lernen, weil die Wechselbeziehungen der Runen bei jedem Menschen anders sind. Es genügt jedenfalls nicht, umgekehrte Runen einfach als »ungünstig« zu deuten.

Die Methoden

Die folgenden Methoden des Runenwerfens und -legens basieren auf den »Bedeutungsmodellen« der alten germanischen Völker. Ich empfehle Ihnen dringend, zunächst eine dieser Methoden gründlich zu erlernen, bevor Sie sich den anderen zuwenden. Nach einiger Zeit können Sie auch mit innovativen Wurf- oder Legemethoden beginnen. Aber die traditionellen Methoden verraten Ihnen mehr über den »Geist« der Runen. Wer bereits mit anderen Orakeln Erfahrung hat, zum Beispiel mit dem Tarot oder mit der Astrologie, möchte die Runen vielleicht einbeziehen. In diesem Fall kommt das Wesen der Runen jedoch nur teilweise zum Ausdruck.

Die beiden grundlegenden Möglichkeiten sind das Werfen und das Legen. Die erste hier beschriebene Methode ist im Grunde eine Kombination. Da Sie beim Werfen den Flug der Runen nicht beeinflussen können, eignet sich diese Methode am besten dann, wenn Sie mehr über die äußere Welt erfahren möchten. Beim Legen sind Sie dagegen stets Herr des Verfahrens; darum sagt diese Methode Ihnen mehr über innere Zustände. Beide Methoden haben Vor- und Nachteile. Es kann sein, dass Sie etwas über einen bestimmten Lebensbereich wissen möchten, aber keine Rune auf dieses Feld fallen will (auch das kann jedoch bedeutsam sein). Andererseits legen Sie möglicherweise Runen auf Plätze, die in Ihrer Situation ohne Bedeutung sind. Sie brauchen einige Erfahrung, um intuitiv zu wissen, welche Runengruppe wichtiger ist als die anderen.

1. Der Wurf der Nornen

Diese Methode basiert unmittelbar auf Tacitus' Schilderung in der *Germania*. Dort erwähnt er, dass drei Zweigstücke gezogen werden. Diese Runen ordnen wir hier den drei Nornen zu, da die Germanen keine andere bedeutsame Triade kannten.

Halten Sie sich an das im Kapitel »Rituale« beschriebene Ritual, und werfen Sie die Runen auf das weiße Tuch. Schauen Sie dann nach oben, heben Sie mit geschlossenen Augen drei Runen auf und legen Sie diese so aus, wie die Abbildung es zeigt.

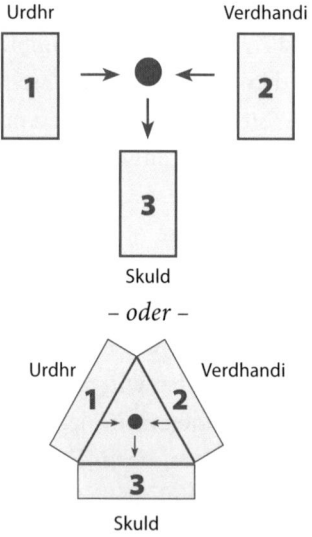

Das Auslegen der Runen nach dem Wurf der Nornen

1 ist die Position von Urdhr *(Wyrd)*. Sie enthüllt die Wurzel der Frage oder des Problems und sagt Ihnen, welches Ereignis in der Vergangenheit die Rune in Position **2** – Gegenwart oder Verdhandi – beeinflusst hat. Die zweite Rune erklärt, was sich zur Zeit abspielt. Beide Runen finden ihre Synthese in der dritten – Skuld –, die einen Ausblick auf die Zukunft gibt. Mit Hilfe der Aspekte können Sie die Qualität der Beziehungen besser beurteilen. Umgekehrte Runen dürfen Sie berücksichtigen, aber notwendig ist es nicht.

Die Deutung des Wurfs der Nornen

Frage: Wie stehen meine Chancen, eine neue Stelle zu finden?

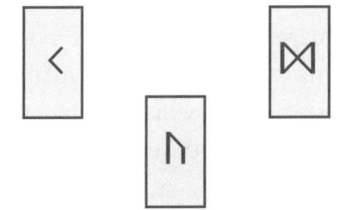

Beispiel eines Wurfes der Nornen

Deutung: Die Abbildung zeigt, wie die Runen liegen. *Kenaz* befindet sich in der Urdhr-Position, ein Zeichen dafür, dass Geschick und Kreativität, die Sie in der Vergangenheit entwickelt haben, Ihre derzeitige Position begünstigen. *Dagaz* in Verdhandi zeigt, dass die jetzige

Situation sich im Fluss befindet – sie ist dynamisch und formbar. Die dritte Rune, *uruz* in Skuld, gibt Anlass zu großer Hoffnung und empfiehlt, die Situation so zu formen, wie der Arbeitslose es sich vorstellt.

Die letzte Rune rät ebenfalls zu Beharrlichkeit. Nutzen Sie Ihre Willenskraft, um Ihr Ziel zu erreichen. Kenaz steht in einem vorteilhaften Aspekt zu *dagaz*, diese passt gut zu *uruz*. Alle Runen arbeiten reibungslos zusammen. *Kenaz* steht *uruz* gegenüber; da die Aspekte ansonsten jedoch dynamisch sind, wirkt diese Opposition eher stimulierend als lähmend. – Der Fragende bekam tatsächlich eine neue Stelle – einerseits dank seiner vergangenen Leistungen, andererseits mit kleiner magischer Unterstützung und nur, weil er sehr beharrlich war. Sie können den Wurf der Nomen zum *valknutr* (Knoten des Erschlagenen) erweitern. Er symbolisiert die Fähigkeit Ódhinns, Fesseln aller Art anzulegen und abzunehmen, sogar die Fesseln des Schicksals. *Valknutr* besteht aus drei ineinander verschlungenen Dreiecken (siehe Abbildung). Um den Wurf der Nornen zum *valknutr* zu erweitern, nehmen Sie drei Gruppen von jeweils drei Runen und legen Sie aus, wie die Abbildung es zeigt. Das erste Dreieck vertieft die Analyse von Urdhr, das zweite die von Verdhandi und das dritte die von Skuld. So erhalten Sie ein komplexeres Bild dessen, was die Wurzel der Frage bildet, was zur Zeit geschieht und was wahrscheinlich bevorsteht.

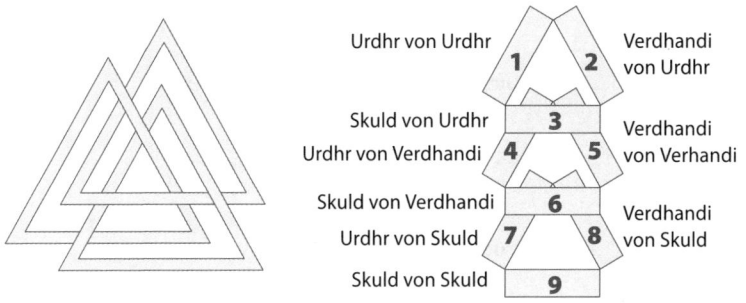

Der valknutr   *Das Valknutr-Legemuster*

2. Werfen nach der Ættir-Methode

Eine der bekanntesten Einteilungen des Raumes in bedeutsame Felder ist die Teilung des Himmels und der Erde in Achtel, AN *ættir* (was zugleich Generationen oder Familien bedeutet), in schottisch-englischen Dialekten *airts*. Im AN erhielten diese Teile die in der folgenden Abbildung genannten Namen. Obwohl diese Namen nordischen Ursprungs sind, passt die vierfache Teilung, erweitert mit einem vierfachen Kreuz, gut zu einem zeitlosen germanischen Muster. Die Namen deuten an, dass Dinge im Osten «näher» oder irdischer, im Westen »ferner« sind und dass die Hauptpolarität zwischen Norden und Süden besteht. Es ist kein Zufall, dass die Runen ebenfalls in acht Gruppen eingeteilt werden.

Beim Runenwerfen wird dieses Muster kombiniert mit den anderen naheliegenden Teilungen des Raumes,

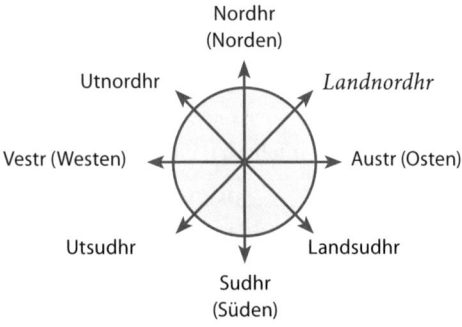

Die nordischen ættir des Himmels

nämlich mit den neun Welten Yggdrasills. Das dabei entstehende Muster teilt das weiße Tuch in Bedeutungsfelder ein, wie die Abbildung zeigt (natürlich schreiben Sie die Namen der Welten nicht auf das Tuch). Diese Figur symbolisiert in Wahrheit den »Kollaps« des multidimensionalen Raumes in ein zweidimensionales Modell wie bei vielen anderen heiligen Symbolen. Die Felder erhalten die Namen der neun Welten Yggdrasills und werden dementsprechend gedeutet (siehe Kasten auf der folgenden Seite).

Runen, die in die inneren Kreise – Midhgardhr, Ásgardhr, Hel, Ljóssálfheimr, Svartálfheimr (sie bilden im dreidimensionalen Modell die senkrechten Säulen) – fallen, geben Auskunft über den subjektiven oder psychischen Zustand des Fragenden oder über die Kräfte, die auf ihn einwirken. Ljóssálfheimr und Svartálfheimr

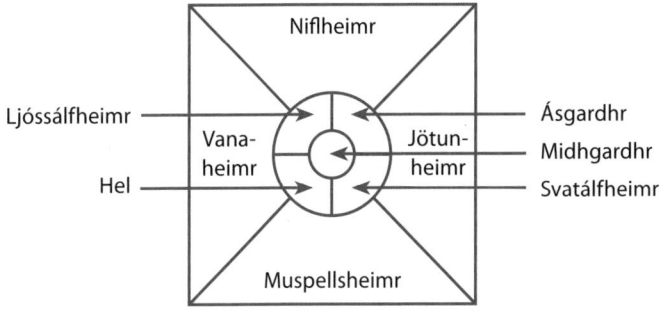

Wurftuch mit Bedeutungsfeldern, hier die neun Welten Yggdrasills

sind eher »persönlich«, Ásgardhr und Hel eher »transpersönlich«. Die Runen, die in die äußeren Felder – Niflheimr, Muspellsheimr, Vanaheimr, Jötunheimr (sie bilden zusammen mit Midhgardhr die horizontale Ebene des Yggdrasill-Modells) – fallen, beleuchten den Zustand des objektiven Universums und zeigen, wie es den Fragenden beeinflusst. Beachten Sie, dass Midhgardhr das Zentrum und die Synthese ist, in der alle Möglichkeiten sich manifestieren können.

Sie können das Tuch mit den Linien verzieren oder die Linien vor Ihrem geistigen Auge sehen. Wenn Sie das Tuch schmücken wollen, benutzen Sie dunkelblauen oder schwarzen Zwirn. Halten Sie sich an das Ritual, das ich beschrieben habe. Werfen Sie die Runen mit geschlossenen Augen auf das Tuch, und deuten Sie sie nach ihren Positionen. Runen mit verdecktem Zeichen

Die Bedeutung der neun Welten des Yggdrasills

Ásgardhr:
Höhere Einflüsse, die Beziehung zu den Göttern. Verborgene Aspekte der Frage. Ehre, positive (aktive) Einflüsse vergangener Inkarnationen) – *ørlög*.

Ljóssálfheimr: Geistige Einflüsse. Familie. Botschaften von Huginn: Richtungen, in die Sie planen sollten. Was Ihnen helfen wird. Was Ihnen hilft, den Einfluss von Ásgardhr zu erkennen.

Svartälfheimr: Kreative, emotionale Einflüsse. Geld. Botschaften von Muninn: worüber Sie nachdenken sollten. Wie Sie die Einflüsse von Hel erkennen.

Hel: Verborgene oder unterdrückte instinktive Wünsche. Automatische Funktionen oder Verhaltensweisen. Die verborgene Wurzel der Frage. Negative (passive, restriktive) Einflüsse früherer Inkarnationen – *ørlög*.

Muspellsheimr: Der Zustand Ihrer Lebenskraft. Aktive Einflüsse von außen. Was dazu neigt, aktiv zu werden.

Niflheimr: Was Ihnen im Weg steht. Passive oder restriktive Einflüsse von außen. Was dazu neigt, latent zu bleiben.

Vanaheimr: Fördert das Wachstum. Erotische Beziehungen. Menschen des anderen Geschlechts. Harmonisierende Einflüsse. Kräfte der Kontinuität, Struktur und des Wohlbefindens.

Jötunheimr: Was Sie verwirrt. Was dem Zufall überlassen bleibt. Was Sie auf die Probe stellt. Fordert zum Wandel auf. Ebene der Krisen.

Midhgardhr: Die Synthese, in der alle Möglichkeiten sich manifestieren können.

können Sie als dunkle Stäbe deuten oder entfernen. Bei solchen Systemen können Sie eine Rune nicht als seitenverkehrt deuten, und Runen, die nicht auf das Tuch fallen, bleiben unberücksichtigt (notieren Sie aber, um welche Runen es sich handelt – auch ihre Abwesenheit kann bedeutsam sein!).

Das Bild ist bisweilen so komplex, dass es sich in einer Sitzung nicht vollständig deuten lässt (vor allem, wenn Sie Anfänger sind). Am besten zeichnen Sie den Wurf auf. Notizen wie etwa »: ᚠ : in Ásgardhr« genügen. Oft gibt die Richtung, der eine Rune zugewandt ist (vielleicht »zeigt« sie auf eine andere Rune), subtile Hinweise für eine detaillierte Deutung. Darum ist eine Skizze des Wurfes zu empfehlen. Es kann sein, dass Sie die wahre Bedeutung des Wurfes erst später erkennen, wenn Sie gründlich darüber nachdenken.

Das Muster, das nach einem Wurf auf die *ættir* erscheint, lässt sich auf verschiedene Weise deuten. Sie können mit Midhgardhr (Gegenwart) anfangen und dann zu den weiter entfernten Einflüssen übergehen, zum Beispiel von Midhgardhr zu Ljóssálfheimr und Svartálfheimr, dann zu Ásgardhr und Hel und schließlich ganz nach außen zu Vanaheimr und Jötunheimr sowie Niflheimr und Muspellsheimr. Oder Sie kehren diesen Prozess um. Seiner Natur nach ist dieses Modell nicht linear – es ist ein ultradimensionales Modell. Darum ist Ihre Intuition wohl die beste Lehrmeisterin.

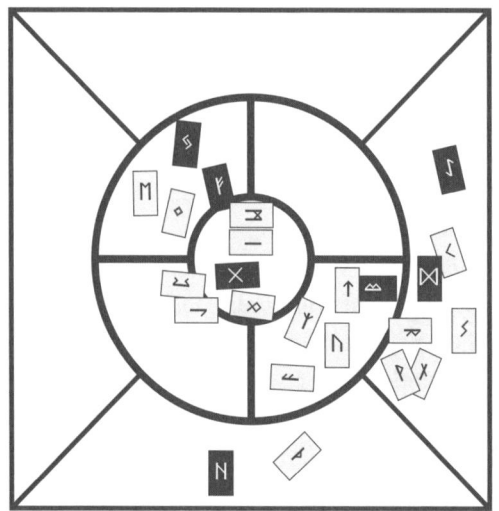

*Beispiel eines Wurfes nach der Ættir-Methode.
Dunkel gefärbte Runen liegen eigentlich verdeckt.*

Beispiel eines Wurfes nach der Ættir-Methode

Frage: Welche Fortschritte wird eine Gruppe, die sich mit einer wirksamen Art von Magie beschäftigt, im kommenden Jahr machen?

Deutung: Die Abbildung zeigt, wie die Runen gefallen sind. Fehlende Runen in Vanaheimr lassen darauf schließen, dass keine Spannungen vorhanden sind. Die fehlenden Runen in Niflheimr sind ein Indiz dafür, dass auf dieser Gruppe (die geheim arbeitet) kein äußerer Druck lastet und dass sie nicht auf Widerstand stößt.

Die Runen in Muspellsheimr, ein dunkles *hagalaz* und ein *thurisaz,* enthüllen, dass aktive Kräfte, wahrscheinlich im Bewusstsein der Gruppenmitglieder, die Aktivierung des Programms verzögern. Diese Tendenzen sind ihren Aspekten nach jedoch sehr schwach und können wohl vernachlässigt werden.

Eine starke Gruppe liegt in Jötunheimr. Daraus folgt, dass die Gruppe sich in einem dynamischen Fluss befindet und in vieler Hinsicht nach kristallklaren Zielen *(sowilo)* strebt. *Nauthiz* und *wunjo* kreuzen sich in Jötunheimr. Das deutet darauf hin, dass eine zwischenmenschliche Krise einen positiven Wandel herbeiführen wird. Ein zweites Kreuz zwischen *dagaz* (dunkel) und *kenaz* in Jötunheimr könnte Verwirrung in einer technischen Angelegenheit ankündigen. Da jedoch *raidho* daneben liegt, wird diese Gefahr beseitigt. Diese Rune führt zu einem vernünftigen, geordneten Ablauf im formativen Bereich von Svartálfheimr. Das Problem wird also gelöst, und die Folgen sind positiv. Das dunkle *eihwaz* in Jötunheimr ist isoliert und sieht daher unbedeutend aus. Aber es steht in einem negativen Aspekt zu den dunklen Runen *fehu* und *jera* in Ljóssálfheimr und enthüllt, dass die vorhandene Inspiration noch nicht in die Tat umgesetzt werden kann.

Die Gruppe in Svartálfheimr verspricht jedoch, dass die starke Inspiration ein »Ventil« finden wird. Die Häufung vieler Runen, die Form und Ordnung symbolisieren *(uruz, tiwaz, raidho)*, aber auch Verbindung mit den Göttern und Inspiration durch sie *(elhaz* und *ansuz)*, im Feld der formativen Verwirklichung scheint andere Kräfte zu überlagern. Allerdings werden diese anderen Kräfte verstärkt durch die dunkle B-Rune mitten in der Gruppe. Das ist ein klarer Hinweis auf Widerstand gegen die formative Kraft und Inspiration und somit eine Mahnung, wachsam zu sein. Jedes Mitglied muss sich anstrengen, damit die Verheißung der A- und der Z-Rune Wirklichkeit wird.

In Ljóssálfheimr sehen wir einen lockeren Komplex der E- und der NG-Rune – ein Zeichen dafür, dass die intellektuelle Entwicklung in der Gruppe am wirksamsten ist, wenn sie sich auf die Kontemplation der einzelnen Mitglieder stützen kann und/oder wenn die Mitglieder paarweise an speziellen Problemen arbeiten.

In Midhgardhr wird der Ausgang dieses magischen Jahres endgültig klar. Hier finden wir zwei Bündel. *Mannaz* liegt parallel zu *isa* und sagt voraus, dass die archetypische soziale Ordnung innerhalb der Gruppe solider wird. Das bestätigt *othala* im anderen Bündel, das eng mit Einflüssen aus dem verborgenen Reich von Hel (also mit vergangenen Einflüssen) zusammenhängt. Diese Einflüsse sind im Wesentlichen ungeplant und spontan, wie die P-Rune zeigt, und die L-Rune bekräftigt, dass sie eine echte Transformation auslösen werden. Beachten Sie, dass diese beiden Runen aus Hel hinaus nach Midhgardhr führen und dass sie von einem Bündel mit der O-Rune und einer dunklen G-Rune wegführen. Diese G-Rune ist wie die B-Rune im Bündel in Svartálfheimr eine versteckte Warnung vor schädlichen Einflüssen übernatürlicher Kräfte.

Zusammenfassend können wir sagen, dass diese Gruppe von technischen Innovationen ihrer Mitglieder profitieren wird. Diese Innovationen basieren auf Kontemplation und auf der Arbeit von Paaren; sie sind sehr inspiriert und werden konkrete Ergebnisse haben. Das alles ist aber nicht mühelos erreichbar. Es gibt jedes Mal einen »Dorn« – einen aktiven Widerstand, der nur durch Willenskraft und Mut zu überwinden ist.

3. Legen nach der Futhark-Methode

Die Ordnung der Runen verhilft uns zu einem weiteren traditionellen Instrument, mit dem wir Bedeutungsfelder erschließen können. Die linear in den drei Gruppen

23	21	19	17	15	13	11	9
7	5	3	1	2	4	6	8
10	12	14	16	18	20	22	24

Legeordnung nach der Futhark-Methode

Deutung nach der Futhark-Methode

1 – ᚠ – Geld, mediale Energie –
2 – ᚢ – körperliche Gesundheit, Lebenskraft
3 – ᚦ – Widerstände (vielleicht materieller Art)
4 – ᚨ – Quellen der Inspiration und des intellektuellen Ausdrucks
5 – ᚱ – innere oder äußere Reisen
6 – ᚲ – Kreativität, erotische Beziehungen
7 – ᚷ – was Ihnen gegeben wird
8 – ᚹ – Beziehungen, Freunde, was Sie glücklich machen wird
9 – ᚺ – eine mögliche Krise, die eine Transformation bewirkt
10 – ᚾ – innere Widerstände, Ursachen der Unzufriedenheit
11 – ᛁ – was Sie als Zwang spüren
12 – ᛃ – mit welchem Lohn Sie rechnen können, Ihr Verhältnis zur Natur
13 – ᛇ – verborgene Einflüsse, Ihr Zustand insgesamt, Ihr Verhältnis zum Numinosen
14 – ᛈ – wie Sie Freude finden
15 – ᛉ – worauf Sie achten müssen, Weg zu den Göttern
16 – ᛊ – was Ihnen den Weg zeigt
17 – ᛏ – Zustand der Sinnesorgane, Ideale, juristische Angelegenheiten
18 – ᛒ – was Schönheit und Wachstum bewirkt
19 – ᛖ – womit und mit wem Sie arbeiten sollten, erotische Beziehungen
20 – ᛗ – allgemeiner seelischer Zustand, Einstellung zum Tod
21 – ᛚ – emotionaler Zustand, was Sie belasten wird
22 – ᛜ – worüber Sie meditieren sollten
23 – ᛞ – unerwartete Synchronizität
24 – ᛟ – wichtige Angelegenheiten der Familie, der Gemeinde oder des Staates

des *ætt* angeordneten Runen (siehe Seite 46) liefern die Bedeutungsfelder, die die Tabelle zeigt.

Werfen Sie die Runen auf das Tuch, heben Sie alle 24 Runen eine nach der anderen auf, und legen Sie sie nach dem *Ættir*-Muster aus. Sie können die Runen auch mit geschlossenen Augen aus dem Behälter holen und auslegen, wie die Abbildung auf Seite 63 es zeigt. So entfaltet sich das Futhark von innen her. Da sämtliche Plätze belegt sind, erhalten Sie eine vollständige Deutung. Die Aspekte können Sie nach der Methode bestimmen, die auf Seite 47–50 erläutert wird.

Solche Würfe lassen sich leicht aufzeichnen. Schreiben Sie einfach : ᚷ : in : ᚠ :, : ᚲ : in : ᚺ :, : ᛋ : in : ᚦ : und so weiter. Auch hier bestimmt der Ort den Lebensbereich, um den es geht, und die Rune gibt darüber Auskunft, was in diesem Bereich zur Zeit des Werfens oder Ziehens geschieht. Solche Legesysteme sind hilfreich, wenn Sie eine vollständige Übersicht über Ihre derzeitige Lebenssituation haben möchten. Sie bekommen ein ganzheitliches, synthetisches Bild ohne besonderen Nachdruck auf die Folgen.

Beispiel einer Deutung nach der Futhark-Methode

Frage: Wie sieht meine allgemeine Lebenssituation aus, und wie soll ich mich künftig verhalten?

Deutung: Die Abbildung zeigt das Ergebnis des Le-

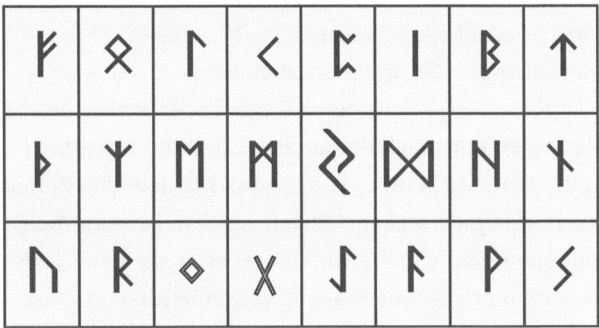

Beispiel eines Legemusters nach der Futhark-Methode

gens. *Fehu* an der ersten Stelle spricht für eine gute finanzielle Situation.

Othala an der zweiten Stelle ist ein Indiz für stabile Gesundheit und Lebenskraft ohne positive oder negative Einflüsse. *Laguz* an dritter Stelle deutet auf unbewusste Widerstände hin, und *kenaz* an vierter Stelle verspricht Inspiration durch das schöpferische Feuer (Kunst). *Perthro* an fünfter Stelle lässt auf innere Reisen durch Zeit und Raum schließen. *Isa* an sechster Stelle warnt vor einer Blockade der Kreativität durch Kälte oder vor einer egozentrischen Kreativität. *Berkano* an siebter Stelle verkündet eine Befreiung der Energie. *Tiwaz* an achter Stelle verheißt Beziehungen, die von Vernunft und Opfern geprägt sind und letztlich zur Quelle des Glücks werden. *Thurisaz* an neunter Stelle ist eine Warnung vor Widerstand durch feindliche reaktive Kräfte, während *elhaz* an zehnter Stelle auf Widerstand durch archetypische innere Kräfte hinweist. *Ehwaz* an elfter Stelle enthüllt inneren Zwang. *Mannaz* an zwölfter Stelle verheißt gesellschaftliches Ansehen dank göttlicher Hilfe (daraus lässt sich schließen, dass die Krise, welche die drei vorherigen Runen andeuten, überwunden wird). *Jera* an dreizehnter Stelle macht Hoffnung: Regelmäßige, zyklische Aktivitäten halten verborgene Einflüsse in Schach. *Dagaz* an vierzehnter Stelle verspricht Freude durch Subjektivität. *Hagalaz* an fünfzehnter Stelle empfiehlt, mehr auf grundsätzliche Aspekte zu achten (auch das bezieht sich möglicherweise auf die bereits erwähnte Krise). *Nauthiz* an sechzehnter Stelle könnte bedeuten, dass der Fragende aus kritischen Situationen lernt (wahrscheinlich deshalb, weil er sie rechtzeitig erkennt). *Uruz* an siebzehnter Stelle ist ein Zeichen dafür, dass eine sehr starke Willenskraft Wahrnehmungen und Ideale dominiert. *Raidho* an achtzehnter Stelle spricht für Stetigkeit, Rhythmus und Bewegung bei der Arbeit – die Folgen sind Wachstum und Schönheit. *Ingwaz* an neunzehnter Stelle rät dem Fragenden, allein zu arbeiten und Pläne reifen zu lassen. *Gebo* an zwanzigster Stelle signalisiert die Bereitschaft, zu geben und zu nehmen. *Eihwaz* an einundzwanzigster Stelle symbolisiert »vertikale« emotionale Ausgewogenheit, das heißt Gefühle, die vom Verstand gezügelt werden, wobei die Wahrscheinlichkeit dieser Tendenz zunimmt. *Ansuz* an zweiundzwanzigster Stelle rät dem Fragenden, über

Ódhinn – seinen inneren göttlichen Funken – zu meditieren. *Wunjo* an dreiundzwanzigster Stelle bereitet auf eine unerwartete Synchronizität im gesellschaftlichen Bereich vor, und *sowilo* an vierundzwanzigster Stelle verrät, dass die Ziele des Fragenden derzeit ebenfalls in diesem Bereich zu finden sind. **Zusammengefasst lautet die Botschaft der Runen:** Der Fragende befindet sich grundsätzlich in Sicherheit. Der Hauptwiderstand kommt von innen; aber er kann ihn überwinden, indem er sein Band mit dem höheren Selbst stärkt. Für dieses innere Wachstum wird er durch äußeren Erfolg belohnt.

4. Die sieben Reiche

Die alten Nornen sprachen oft von sieben Reichen, in denen empfindende Wesen lebten und aus denen man Botschaften empfangen konnte, sofern man ihre Sprache verstand. Diese Überlieferung ist im »Alvísmál« der *Lieder-Edda* nur unzureichend wiedergegeben. Dort werden zwar sieben Reiche erwähnt, aber nur sechs eines Verses gewürdigt. Diese Verse wurden geschrieben, um das Geheimnis der poetischen Sprachen zu enthüllen, die bei den Æsir, Vanir, Elfen, Zwergen und Etins sowie im Totenreich und in Midhgardhr gesprochen wurden. Wie Hollander in seiner Einführung zum »Alvísmál« bemerkt, stammt das Lied aus einer späten Periode, in der einiges durcheinander geriet. Immerhin spiegelt es

- *Hel:* das Reich der Toten; die Ebene der verborgenen instinktiven oder ererbten Einflüsse
  - *Jötunheimr:* das Reich der Etins; die Ebene der Krisen, Veränderungen und Zufälle
    - *Svartálfheimr:* das Reich der Zwerge; die Ebene der Kreativität, der Erinnerungen und der Gefühle
      - *Midhgardhr:* das Reich der Menschen; die Ebene der materiellen Wirklichkeit
        - *Ljóssálfheimr:* das Reich der Elfen; die Ebene der Planung, der Wahrnehmung und des Intellekts
          - *Vanaheimr:* das Reich der Vanir; die Ebene der Vita- lität, Harmonie und Ausgewogenheit
            - *Ásgardhr:* das Reich der Æsir; die Ebene des archetypischen Bewusstseins

2	4	6	7	5	3	1	*Urdhr:* die Analyse der tiefen, vergangenen Wurzeln der Situation
9	11	13	14	12	10	8	*Verdhandi:* die Analyse der Gegenwart
16	18	20	21	19	17	15	*Skuld:* die Analyse der Zukunft

Legemuster und Schlüssel zu den »Sieben Reichen«

eine uralte kosmische Ordnung wider, die verständlich wird, wenn man sie mit Hilfe des Yggdrasill-Mythos ein wenig abwandelt. Nur sieben der neun Welten Yggdrasills haben empfindsame Wesen hervorgebracht; Muspellsheimr und Niflheimr sind rohe Naturkräfte ohne Bewusstsein. Die Runen bieten die Möglichkeit, sich zwischen diesen Ebenen zu verständigen.

Die Grundlage dieses Legesystems ist die Kosmogenese im germanischen Mythos: die ewige Synthese polarer Gegensätze, die zur Transformation führen. Darauf wird der Prozess der Nornen projiziert, so dass ein Bild jener Handlungen oder Kräfte entsteht, die im Laufe der Zeit wirksam werden. Ziehen Sie im Rahmen Ihres Rituals 21 Runen, und legen Sie sie aus, wie die folgende Abbildung es zeigt. Die Deutung ergibt sich ebenfalls aus dieser Abbildung. Die »Sieben Reiche« ermöglichen Ihnen eine vollständige Selbstanalyse und stellen in mancher Hinsicht eine Version des Werfens auf die *ættir* dar. Je mehr Sie über die sieben Reiche lernen, desto besser wird Ihre Deutung. Mehr darüber erfahren Sie im 2. Abschnitt dieses Kapitels (»Werfen nach der *Ættir*-Methode«). Im Grunde geht es einfach darum, den Prozess der Nornen mit den Ebenen der empfindsamen Wesen zu verbinden. Auf jeder Ebene gelangt die Reihe in Midhgardhr zu einer Synthese, so dass die Plätze 7, 14 und 21 die Schlüssel zur Deutung liefern. Auch die drei fehlenden Runen können wertvolle Hinweise geben.

Beispiel einer Deutung nach den »Sieben Reichen«

Ziel: Analyse des Einflusses, den ein Mitglied mit einer gestörten Persönlichkeit auf eine esoterische Gruppe hat.

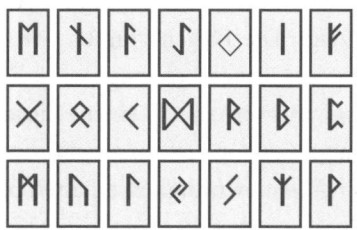

Beispiel eines Legemusters nach den »Sieben Reichen«

Deutung: Die Abbildung zeigt, wie die Runen ausgelegt wurden. *Ehwaz* und *fehu* in den äußeren Reichen (Ásgardhr und Hel) von Urdhr deuten darauf hin, dass sexuelle Energie und erotische Beziehungen die eigentliche Wurzel des Problems sind. Die vitalen Kräfte sind erstarrt, wie *isa* in Vanaheimr zeigt. *Nauthiz* in Jötunheimr enthüllt eine starke emotionale Krise und Konflikte, wahrscheinlich als Folge des allgemeinen Mangels an Lebenskraft, gepaart mit ungezügelter sexueller Energie. *Ingwaz* in Ljóssálfheimr ist ein Indiz dafür, dass keine Partei derzeit in der Lage ist, klar zu denken. Das könnte auch bedeuten, dass Pläne auf ihre Ausarbeitung warten. Aber *ansuz* in Svartálfheimr lässt darauf schließen, dass die Kräfte der Æsir ebenfalls mit im Spiel sind. Die derzeitige Situation ist ziemlich zweideutig – man spürt einen Drang in Richtung Manifestation.

Die jetzt noch unruhigen Elemente befinden sich in archetypischem Fluss, wie *perthro* in Asgardhr von Verdhandi zeigt. Die Folgen können vorteilhaft sein, wenn der Rat der Runen beherzigt wird: Tut zunächst einmal nichts und verharrt in einem Zustand spiritueller Loslösung. *Gebo* in Hel verspricht für diesen Fall, dass Ehre und Glaubwürdigkeit erhalten bleiben. *Berkano* in Vanaheimr bestätigt, dass die Vitalität stark eingeschränkt ist und eine geschützte Reserve darstellt. Der soziale Aspekt von *othala* in Jötunheimr befindet sich im Zustand größter Verwirrung. Die derzeitige Krise, die *othala* enthüllt, wurzelt in *nauthiz* auf der Ebene von Urdhr. Zum Glück stärkt die intellektuelle Ebene von Ljóssálfheimr die Vernunft *(raidho)*. *Kenaz* in Svartálfheimr deutet ebenfalls an, dass Kreativität vorhanden ist. *Dagaz* in Midhgardhr von Verdhandi bleibt zweideutig, denn sein Licht wird vom armen Aspekt zwischen *raidho* und *dagaz* getrübt.

Das Paar *mannaz* und *wunjo* in den archetypischen Ebenen von Skuld ist ideal. Es deutet darauf hin, dass es letztlich eine Lösung auf der Grundlage göttlicher Prinzipien und in einer fröhlichen Atmosphäre geben wird. *Elhaz* in Vanaheimr verspricht einen gewissen

Anstieg der Vitalität, und *uruz* in Jötunheimr kündigt an, dass das Chaos sich legen wird. Die Pläne der Gruppe werden gelingen, wie *sowilo* in Ljóssálfheimr zeigt, und daraus entwickelt sich Kreativität. *Uruz* und *laguz* in Jötunheimr und Svartálfheimr sprechen für eine Wiederherstellung der Ordnung aus dem Chaos und der Krise, deren Ursache in *nauthiz* in Jötunheimr von Urdhr liegt.

Das Endergebnis ist beispielhaft. *Jera* sagt voraus, dass der gerechte Lohn für vergangene gute Taten (oder Unterlassungen) kommen wird. Die gesamte Ebene von Skuld könnte kaum günstiger aussehen. Letztlich wird der störende Einfluss die Gruppe sogar stärken – aber es können noch weitere Schwierigkeiten bevorstehen, wenn Verdhandi in Skuld übergeht.

Alternative Methoden des Runenziehens

Bei allen bisher beschriebenen Methoden deuten Sie jede Rune nur einmal, wenn Sie auslegen. Das ist nicht unbedingt optimal, denn es könnte sein, dass eine Rune an mehr als einen Ort gehört.

Hier können die beiden folgenden Verfahren helfen. Beim ersten ziehen Sie eine Rune und zeichnen sie auf Papier oder in speziell vorbereitete lockere Erde. Dann legen Sie die Runen zurück in den Behälter, schütteln

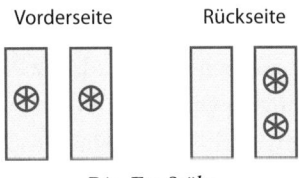

Die Ætt-Stäbe

ihn und sagen laut oder stumm: »Urdhr, Verdhandi, Skuld.« Anschließend ziehen Sie erneut eine Rune und zeichnen sie am richtigen Platz ein. Das tun Sie so lange, bis Sie ein vollständiges Muster haben. Dieses könnte theoretisch aus einer einzigen Rune bestehen.

Bei der zweiten Methode benutzen Sie einen archaischen germanischen »Würfel«. Dafür stellen Sie acht Stäbe her, die so breit und flach sind, dass sie nur mit einem »Gesicht« landen können, wenn man sie auf eine ebene Fläche wirft. Zwei dieser Stäbe, die Ætt-Stäbe, werden auf einer Seite gekennzeichnet (zum Beispiel mit einem

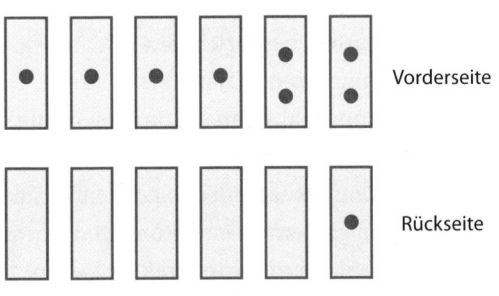

Die LOS-Stäbe

Rad aus sechs Speichen); der eine bleibt auf der Rückseite leer, der andere bekommt auch dort zwei Zeichen (siehe Abbildung oben). Wenn Sie diese Stäbe werfen, erhalten Sie eine Eins, eine Zwei oder eine Drei und damit auch den Ætt-Wert einer bestimmten Rune.

Eine zweite Reihe aus sechs Stäben (siehe Abbildung) erhält eine andere Markierung, zum Beispiel einen Punkt oder Kreis. Vier dieser Stäbe haben nur ein Zeichen auf einer Seite, ein Stab hat zwei Zeichen auf einer Seite. Die Rückseite der fünf ist leer. Der sechste Stab hat zwei Zeichen auf einer Seite und eines auf der anderen. Jeder Wurf ergibt eine Zahl zwischen eins und acht. Die Zahl bestimmt die Rune im bereits vorher festgelegten *ætt*. Dieses System arbeitet nach dem gleichen Binärcode wie die »geheimen Runen«.

Zuerst werfen Sie die Ætt-Stäbe und erhalten eine Zahl zwischen eins und drei, dann die Los-Stäbe, die eine Zahl zwischen eins und acht liefern. Das Ergebnis lautet dann zum Beispiel 3:5 und bezeichnet damit eine Rune im Futhark, in diesem Fall *laguz*, die fünfte Rune im dritten *ætt*.

Wenn Sie jede Rune auf diese Weise identifiziert haben, notieren Sie ihren Platz, um sie korrekt deuten zu können. Die gleiche Rune kann in einem Wurf mehrere Male auftauchen. Runen, die daran »gehindert« würden, beim Futhark-Legemuster (siehe oben Nr. 3) zu erscheinen, können auch bei dieser Methode abwesend und dennoch bedeutsam sein. Beide Methoden erlauben also ein freies Spiel der Kräfte, das bei anderen Methoden meist fehlt.

Ja / Nein-Antworten

Das Orakel, das wir instinktiv am häufigsten verwenden, antwortet mit »ja« oder »nein«. Ein beliebtes Beispiel ist das Spiel mit Blütenblättern: »Sie liebt mich, sie liebt mich nicht …« Auch Runen liefern solche Antworten – und manchmal noch mehr.

Werfen Sie die Runen im Rahmen des üblichen Rituals auf das weiße Tuch, das in Bedeutungsfelder eingeteilt ist, hier in die neun Welten Yggdrasills (siehe Abb. S. 57 oben). Für diese Methode ist nur der äußere Kreis wichtig (er umschließt die vertikalen Felder von Asgardhr, Hel, Svartálfheimr, Ljóssálfheimr und Midhgardhr). Ignorieren Sie Runen, die außerhalb dieses äußeren Kreises landen, und deuten Sie nur jene, die vollständig innerhalb des »Kreises der Berater« liegen.

Ist bei der Mehrzahl dieser Runen das Zeichen zu sehen, lautet die Antwort »ja«.

Ist das Zeichen bei den meisten Runen verdeckt, lautet die Antwort »nein«.

Das Verhältnis der »Ja«-Runen zu den »Nein«-Runen gibt einen Hinweis darauf, wie eindeutig die

Antwort ist. Bei einem Patt ist die Frage natürlich nicht beantwortet. Versuchen Sie in diesem Fall nicht, dieselbe Frage gleich noch einmal zu stellen, sondern warten Sie bis zum nächsten Tag. Diese Methode deutet auch den Grund für die Antwort an.

Umgekehrte Runen enthüllen die Aspekte, die Sie, wenn möglich, ändern sollten, um ein »Ja« zu erhalten. Das Ritual ist bei dieser Methode sehr wichtig, denn Sie müssen sehr gut auf die Runen eingestimmt sein, um eine sinnvolle Antwort zu erhalten.

Runensymbolik und Orakeltabellen

Die folgenden Beschreibungen basieren auf traditionellen Assoziationen (Namen, Zahlen usw.), deren Quelle vor allem Runenlieder und Texte der alten Runenkunde sind. Diese Texte erläutern die Runen auf drei Ebenen: l. allgemeine Überlieferung, 2. »positive« Ebene der Geburt und des Lebens (unter der Überschrift »Heller Stab«) und 3. »negative« oder Todes-Ebene (unter der Überschrift »Dunkler Stab«),

Die allgemeine Einführung sorgt für den notwendigen Kontext, auf den der Runenwerfer seine persönliche Deutung stützen kann. Die »helle« Bedeutung einer Rune ist ihre »normale«, das heißt, so wird die Rune für sich allein gedeutet. Das ist keineswegs immer positiv im Sinne von »nützlich«. Nehmen wir die Runen *isa, nauthiz* oder *hagalaz* als Beispiel – sie alle können in ihrer »positiven« Bedeutung zerstörerisch sein.

Die negative oder »dunkle« Bedeutung einer Rune wird von ihrer Beziehung zu anderen Runen oder von ihrer Position im Wurf bestimmt. Diese Negativität ist im Grunde ein Ausdruck eines von zwei möglichen Mustern: l. Umwälzung oder 2. Hindernis. Stehen zwei Runen zu einander in einer Position der Umwälzung, kündigen sie einen Wandel an, der vielleicht unangenehm sein wird, aber zu einem Neubeginn führt. Wird eine Rune von einer anderen blockiert, so bedeutet das Stagnation der Kräfte – dies ist die schlimmste aller Möglichkeiten.

Jede Tabelle enthält das Runenzeichen, seinen numerischen und phonetischen Wert, und (falls vorhanden) das daraus abgeleitete moderne englische und deutsche Wort (oder eine Rekonstruktion). Dieses englische oder deutsche Wort können Sie als alternativen modernen Namen der Rune benutzen.

Verse aus dem »Altenglischen Runenlied« (AERL), dem »Altnorwegischen Runenlied« (ANRL) und dem »Altisländischen Runenlied« (AIRL), die für die älteren Stäbe bedeutsam sind, werden ebenfalls zitiert. Die beiden letzteren Runenlieder verwenden jedoch nur 16 von 24 Runen des älteren Systems.

1 Fehu - F

Schlüsselwörter:
bewegliches Eigentum, Vieh, Geld, Gold
Energie, kosmisches Feuer, Fruchtbarkeit
Erschaffung – Zerstörung
Modernes Deutsch: Vieh
Modernes Englisch: fee

*Geld ist ein Trost für jeden,
doch jeder verteile es frei,
um dem Herrn zu gefallen.* AERL

*Geld sorgt für Streit unter Freunden.
Der Wolf wird stark in den Wäldern.* ANRL

*Geld ist Streit unter Freunden
und das Feuer der Flut
und der Weg der Schlange.*

aurum: Gold AIRL

Kommentar

Fehu ist die reine archetypische Energie der Bewegung und Ausdehnung im Multiversum. Es ist die Kraft, die aus Muspellsheimr fließt, die Quelle des kosmischen Feuers, aus welchem Midhgardhr hervorging (siehe I-Rune). Die F-Rune ist Ausdruck der allumfassenden und allgegenwärtigen Macht und wird durch die anstürmende Rinderherde und durch Lauffeuer symbolisiert. Das kosmische Feuer von Muspellsheimr spielt bei der Erschaffung der Welt eine wesentliche Rolle, war aber auch der entscheidende Faktor in den zerstörerischen Kräften von Ragnarök. Surtr, der Feuerriese, breitet die Flammen der Zerstörung über die ganze Welt aus und tötet so alle Götter und Menschen mit Ausnahme jener, die dazu bestimmt sind, zu überleben oder auf der Idha-Ebene der neuen Welt wiedergeboren zu werden (der strahlenden Ebene Idhafeld). Man muss beachten, dass *fehu* nicht für die undifferenzierte, homogene Macht des kosmischen Feuers von Muspellsheimr steht, sondern eher für das Mysterium seines ewigen, wunderbaren Wirkens innerhalb des ganzen Multiversums.

Diese Rune ist für die der Fruchtbarkeit zugrundeliegende Kraft zuständig.

Die F-Rune verkörpert das Mysterium sowohl der Erschaffung als auch der Zerstörung und das harmonische Zusammenwirken dieser beiden Extreme, aus denen dann die dynamische, evolutionäre Kraft hervorgeht. *Fehu* ist die Rune des ewigen Werdens. Zusammen mit mehreren anderen Runen beschreibt sie den heiligen Prozess von Geburt – Leben – Tod – Wiedergeburt oder von Entstehung-Sein / Werden-Vergehen und neuem Werden. Genauer definiert, stellt *fehu* die archetypische Kraft dar, welche diesen ewigen Prozess in Ganz setzt.

Die F-Rune ist die Essenz beweglicher Macht. Dies wird aus der profansten Bedeutung ihres Namens ersichtlich: »Geld« oder »Vieh« (im Gegensatz zur O-Rune). Diese Wortwurzel bedeutete ursprünglich »beweglicher Reichtum« oder »bewegliches Eigentum« und wurde dann dem Begriff des lebenden Inventars zugeordnet, welches für die meisten altgermanischen Völker die wichtigste Form des beweglichen Eigentums darstellte.

Später wurde dieses Wort benutzt, um den Begriff »Geld« auszudrücken und daher stammt auch das moderne englische Wort »fee«.

Zusammenfassend lässt sich feststellen, dass die F-Rune eine bewegliche Form der Macht repräsentiert. Im magisch-psychischen Bereich ist das Konzept der beweglichen Macht eng mit dem altgermanischen Begriff des *hamingja* verbunden. Dieser Aspekt des psychosomatischen Komplexes kann am ehesten als bewegliche und übertragbare magische Macht definiert werden.

Das *hamingja* (oft als »Glück« oder sogar »Schutzengel« übersetzt) kann von einem Einzelwesen ausgehen, vergleichbar mit dem Astralkörper anderer Lehren. *Fehu* ist die, auf ein Ziel gerichtete, expansive Kraft, welche die Projektion seelischer Wesenheiten und magischer Macht von einem Menschen auf einen anderen oder von einem Menschen auf ein Objekt erleichtert.

Oft wird die Macht der F-Rune in der Mythologie als überirdischer Schein über Grabhügeln und Grabstätten oder sogar als feuriger Ring dargestellt.

Heller Stab

Erfolg, Reichtum, Voraussicht, Neubeginn

Umsicht ist geboten. Es besteht Aussicht auf Reichtum, aber Sie müssen weise damit umgehen und großzügig mit anderen teilen, um Streit zu vermeiden. Wenn Sie klug sind, ist der Erfolg sicher. Das gilt auch für das Wissen, den inneren Reichtum. Teilen Sie, und Ihre Macht wächst. Die Quelle dieser Macht befindet sich unter der Oberfläche Ihres Bewusstseins. Ethisches Verhalten auf der Grundlage der Weisheit und Tradition ist wichtig. Vielleicht steht eine Reise bevor.

Die Rune deutet auf große Energie, Neubeginn und ein neues Leben oder Liebesleben hin. Sie symbolisiert auch einen Menschen, der mit Tieren oder Geld arbeitet.

Dunkler Stab

**Gier, Ausbrennen, Schwäche,
Armut, Streit**

Gier kann Sie zu einem Außenseiter der Gesellschaft machen und Sie Ihrem Selbst entfremden. Streit droht, weil die Energie von *fehu* nicht zirkuliert. Bei zu viel *fehu* brennen Sie aus, was Ihre Kreativität anbelangt. Nutzen Sie also Ihre schöpferische Energie klug. Vielleicht neigen Sie zu Aggressivität. Hindernisse blockieren oder schwächen Ihre Lebenskraft. Scheitern und Armut drohen.

2 Uruz - U

Schlüsselwörter:
Auerochse, Ochse, Nieselregen, Schlacke
Weisheit, Gesundheit, vitale Kraft
Bildung archetypischer Muster
Fruchtbarkeit spendende Essenz, formgebende Kraft
Modernes Deutsch: Auerochse, Ur
Modernes Englisch: urox

*Furchtlos ist der Ur, seine Hörner sind groß.
Das wilde Tier kämpft mit den Hörnern
und stampft durch das Moor –
ein mutiges Tier!* AERL

*Schlacke kommt von schlechtem Eisen.
Oft läuft das Rentier
auf hartem Schnee.* ANRL

*Nieseln ist das Weinen der Wolken,
es bringt Eis zum Schmelzen
und wird vom Schäfer gehasst.*

umbra: Schatten; imber: Regenguss AIRL

Kommentar

Die U-Rune ist die Mutter jeder Manifestation. In der Mythologie wird sie als die große Kuh Audhumia dargestellt, die einen eisigen Salzblock leckte und damit den ersten Ur-Androgyn Buri formte. Sie war auch Nährmutter des kosmischen Riesen Ymir. Audhumia selbst ging aus dem Raureif hervor, der sich bildete, als das Weltenfeuer auf das Welteneis traf. Die Rune repräsentierte auch die unsichtbare, substanzielle Energie, aus welcher das kosmische Eis und Audhumia selbst ursprünglich geformt wurden.

Uruz ist die formverleihende und musterbildende Kraft des Multiversums, die Quelle jener ordnenden Prinzipien, welche zur endgültigen Entstehung der Welt führten. Sie stellt das im Unsichtbaren verbleibende Muster der Materie dar (im Gegensatz zum nichtmateriellen Charakter von *isa*).

Sie ist der kosmische Same, die dem *semen virile* entsprechende Kraft.

Manifestationsmuster der U-Rune. Das Muster stellt im Wesentlichen ein Hinaufgezogenwerden in das Raum-Zeit-Kontinuum dar, bis durch die Kraft der I-Rune schließlich wieder ein Zurückgezogenwerden zum Ursprung erfolgt.

Diese Rune enthält das Mysterium der Bildung des Selbst, ein zusammengesetztes Paradigma aller Aspekte des psychosomatischen Komplexes, ebenso wie das Multiversum aus den verschiedenen Welten gebildet wird. *Uruz* stellt die formgebende Kraft dar, nicht aber die Form selbst (siehe H-Rune). Die U-Rune steht für die formverleihende Macht, welche den Ursprung und die Bestimmung aller Dinge festlegt. Dieses Mysterium kann anhand der Form dieser Rune demonstriert werden (siehe Zeichnung unten). *Uruz* ist die nie versiegende Quelle archetypischer Muster.

Auf Grund dieser formgebenden Macht, repräsentiert *uruz* Weisheit und Wissen, als strukturelles Muster überlieferter Tradition, dessen Ursprung in der natürlichen Ordnung liegt.

Ebenso wie diese Rune die gesunde Gesellschaft darstellt (das heißt, eine, die sich im Einklang mit der natürlichen Ordnung befindet), so steht sie auch für gute physische Gesundheit im persönlichen Bereich. Die U-Rune fördert kräftige und harmonische Organsysteme. Sie ist die Rune der vitalen Kraft und Männlichkeit.

Heller Stab

**Stärke, Abwehr, Zähigkeit, Freiheit,
Form, Gesundheit, Verständnis**

Diese Rune steht für vitale Kraft. Emotionale Energie quillt auf und macht Sie stark, wenn Sie sie zügeln. Verwenden Sie diese Energie, um Ihr Heim oder Ihr Selbst zu schützen. Streben Sie nach inneren Zielen, und mehr Macht ist die Folge. Verbrennen Sie Schwäche und Schlacken. Seien Sie beständig und wachsam. Die organische Essenz der Rune führt zu Wissen und Verständnis, Gesundheit und Glück. (Das Hufeisen als Symbol des Glücks ist von dieser Rune abgeleitet.) *Uruz* symbolisiert auch einen Arzt oder Kunsthandwerker.

Dunkler Stab

Schwäche, Besessenheit, fehlgeleitete Energie,
Unterdrückung durch andere,
Krankheit, Unbeständigkeit, Unwissenheit

Übersteigerter Hang, andere zu beschützen und zu besitzen. Fehlgeleitete Energie macht nützliche Aspekte zunichte. Kraft wird auf falsche Weise oder zur falschen Zeit eingesetzt – oder von Menschen, die andere beherrschen wollen.

Ungezügelte Begeisterung löst Manie aus. Blockiertes *uruz* führt zu Krankheit, Unbeständigkeit und Unwissenheit.

3 Thurisaz - Th

Schlüsselwörter:
Riese, Dorn, Kraft der Zerstörung / Verteidigung
Handlung, Aktion, ausgeübte Macht
Regenerierung, Liebesmagie, Phallus
Mjöllnir, der Hammer des Thor
Modernes Deutsch: Dorn, Thurse (Riese)
Modernes Englisch: thurs oder thorn

> *Scharf ist der Dorn, wenn man ihn anfasst.*
> *Und besonders schlimm ist's,*
> *auf Dornen zu ruhen.* AERL

> *Dornen machen Frauen krank.*
> *Wenige freuen sich über Unglück.* ANRL

> *Der Dorn ist die Qual der Frauen,*
> *der Bewohner der Berge*
> *und der Gemahl von Vardh-runa*
> *[einer Riesin?]*

Saturnus: Saturn AIRL

Kommentar

Thurisaz ist die zielgerichtete kosmische Kraft der Zerstörung und der Verteidigung, die archetypische, instinktive, unbewusste Willenskraft. Die Th-Rune symbolisiert Blitz und Donner und entspricht Mjöllnir, dem Hammer des Thorr. Diese Waffe zerstört die etins und beschützt Midhgardhr und Asgardhr. In seiner Größe und brutalen Kraft ähnelt Thorr stark den Riesen *(thursar)* und bildet somit einen idealen Gegenpol zu ihrer Kraft.

Die Æsir sind ständig bemüht, ihre Reviere innerhalb des Multiversums zu verteidigen und für diesen Zweck ist die Macht der Th-Rune unentbehrlich. Die in diesem Aspekt von *thurisaz* zum Ausdruck gebrachte Vorstellung ist identisch mit jener des Hammer-Zeichens ⊥. Es ist die vorwärtsstürmende Kraft, welche alle gegen die kosmische Ordnung gerichteten, feindlichen Mächte zerstört.

Diese feindlichen Kräfte sind nicht moralisch »schlecht« im christlich-jüdischen Sinn des Wortes, sondern nur von nachteiligem Einfluss auf den tief verankerten, instinktiven Lebensdrang, der von den Æsir und den Vanir veranschaulicht wird und in der Menschheit zum Ausdruck kommt.

Ebenso wie der Dorn die Rose beschützt, so schützt Mjöllnir Midgardhr und Asgardhr.

Die Th-Rune ist der Träger der Polarität des Lebens und des Todes. Sie ist die höchste Macht, welche die potenzielle Energie zweier Extreme kinetischer Energie in einem Aktionsmuster assimiliert. *Thurisaz* ist eine projektierbare Form angewandter Macht. Dies kann sich ganz allgemein als Begrenzung und Lenkung verschiedener, paarweise auftretender Energieformen auswirken, die in der Älteren Reihe in großer Anzahl auftreten. Das heißt, jede Rune, die ihrem Wesen nach energiegeladen ist (wie z. B. : ᚠ : : ᚲ : : ᛋ :) kann mit jeder Rune, die vorwiegend paradigmatischen Charakter hat (wie z. B. : ᚺ : : ᚹ : : ᛒ :), mit Hilfe der Kraft der Th-Rune kombiniert und in eine reale Richtung gelenkt werden.

Thurisaz ist auch die Rune der Regenerierung und der Fruchtbarkeit. Wie der Blitz den fruchtbringenden Regen einleitet, so überwindet die Th-Rune Hindernisse und Barrieren, befruchtet und ermöglicht damit einen Neubeginn. Der *thorn* ist der Dorn des Erwachens, welcher die Macht des *svefnthorn* (Schlafhornes) bannt.

Diese Rune repräsentiert die kosmische Macht des Phallus.

Heller Stab

reaktive Kraft, gezielte Kraft, vitale Erotik, regenerativer Katalysator

Die Reaktionen auf Ihr Tun können gefährlich sein. Seien Sie vorsichtig, wenn Sie sich passiv auf die »äußere Welt« (außerhalb Ihres Selbstes oder Heimes) einlassen oder blindlings danach greifen.

Diese Rune steht auch für eine vitale, erotische Kraft. Vielleicht wird Ihre Erotik intensiver – aber sie geht mit Schmerzen einher. Richtig angewandt, kann diese Energie schützen und evolutionären Wandel und Regeneration bewirken.

Dies ist die Rune der Krise zum Guten oder zum Schlechten, ein Katalysator des Wandels. Sie symbolisiert auch einen ungeschickten, groben Menschen.

Dunkler Stab

Gefahr, Wehrlosigkeit, Drang, Betrug, Stumpfheit

Die Th-Rune kann Wehrlosigkeit und Gefahr bedeuten. Hüten Sie sich vor äußeren Feinden. Beziehungen mit dem anderen Geschlecht können reaktiven Druck und Kummer auslösen. Rechnen Sie mit Betrug. Der Thurse ist ein intellektuell »felsenhartes« Wesen.

4 Ansuz - ᚨ

Schlüsselwörter:
Æsir, Óðhinn, Gott des Intellekts
Empfangen – Transformation – Ausdruck
Träger und Inhalt zugleich, Dichtkunst, Gesang
Göttliches Wissen, Inspiration, Ekstase, Todesmysterien
Modernes Deutsch: Ahne, Ase
Modernes Englisch: ans

*Der Mund ist Herr aller Worte,
Stütze der Weisheit und Helfer der Weisen,
Hoffnung und Freude der Edlen.* AERL

*Die Mündung ist der Weg vieler Reisen,
die Scheide der Weg des Schwertes.* ANRL

*Ase (Óðhinn) ist der alte Vater,
das Oberhaupt Asgardhrs,
der Führer Valhölls.*

Jupiter: Jupiter AIRL

Kommentar

Ansuz ist das furchtauslösende Geheimnis der Runenreihe.

Die A-Rune spielte bei der Erschaffung der Menschheit eine wesentliche Rolle. Sie verkörpert zwei von mehreren geistigen Gaben, welche die Götter Ódhinn, Hoenir und Lödhurr (drei Aspekte des Gottes Ódhinn) an Askr und Embla (den ersten Mann und die erste Frau) verliehen. Diese Gaben bestanden aus *önd* oder *anda* (Atem, Geist, lebendiges Prinzip) und *ödhr* (Inspiration, inspirierte geistige Tätigkeit). Sie ist die Rune des Ódhinn als Gott der Magie und der Ekstase.

Ansuz ist die Rune des Empfangens-Bewahrens/Umwandelns-Ausdrückens von spiritueller Macht und göttlichem Wissen. Diese Kraft wird direkt von den Æsir empfangen und in der Menschheit transformiert, um dann gegenüber dem Multiversum wieder in Form magischer und religiöser Handlungen zum Ausdruck gebracht zu werden. Diese Ökologie der Macht geht Hand in Hand mit jener, welche durch Ódhinns Einweihung in runische Weisheit und deren Weitergabe an die Menschheit zum Ausdruck kommt.

Die A-Rune verkörpert das Medium, durch welches göttliches Wissen empfangen wird, den Träger dieser Macht, und die Kraft selbst, die sich als ekstatischer Zustand manifestiert. Diese Gleichheit von

Träger und Inhalt kommt bei den Symbolen für einen Zustand der Inspiration oder der Ekstase häufig vor. In der nordischen Mythologie sind sowohl der poetische Met der Inspiration als auch das Gefäß, welches ihn enthält, unter dem Namen Óthroerir (derjenige, der Inspiration auslöst) bekannt. *Ansuz* ist die Ekstase, aus der ein großer Schatz an Weisheit und Wissen hervorgeht.

Die A-Rune ist die Rune des Wortes, des Gesanges, der Dichtkunst und der magischen Beschwörung *(galdr)* als Träger und Ausdrucksform magischer Kraft.

Ansuz verkörpert die magische Kraft der Vorfahren, etwas, das von einer Generation an die andere, entsprechend der Abstammungslinie, weitergegeben wurde. Die alten germanischen Völker wussten, dass sie »von ihren Göttern abstammten«, wie die Stammbaumforschungen ihrer Könige, Helden und Stammeshäuptlinge zeigen. Die Verbindung zwischen göttlicher und menschlicher Macht war für sie nicht unterbrochen. Dies ist auch für die Gegenwart nach wie vor gültig. Durch die Macht dieser Rune kann die Verbindung zwischen den Göttern der Vorfahren und ihren Völkern wieder bewusst gemacht werden. Sie stellt ein ekstatisches Konzept dar, das die stabilere, institutionelle Kraft des *Othala* ergänzt.

Die A-Rune verkörpert die Todesmysterien der Æsir.

Heller Stab

**Inspiration (Begeisterung), Synthese,
Transformation, Worte**

Sprachbegabung. Großes Talent, durch Worte zu überzeugen und andere zu imitieren. Unmittelbarer Zugang zur Quelle des Bewusstseins und vielleicht eine Transformation durch ein spirituelles Erlebnis sind möglich.

Lernen Sie von Óðhinn, aber beten Sie ihn nicht an. Die Rune rät, mit der Überlieferung verantwortungsbewusst umzugehen und die Interessen der Ahnen zu wahren. Synthetisieren Sie, bringen Sie getrennte Elemente zusammen, um zu verstehen. Inspiration und intellektuelle Erfolge sind vorhanden. Erwarten Sie das Unerwartete. Streben Sie nach dem Höchsten und Besten.

Diese Rune symbolisiert auch einen intellektuellen oder priesterlichen Menschen.

Dunkler Stab

**Missverständnis, Irrglaube,
Manipulation durch andere, Langeweile**

Ansuz kann falsche Hoffnungen wecken. Unangenehme Situationen könnten bevorstehen; sie sind Prüfungen oder führen zu neuem Verständnis. Lassen Sie sich nicht von anderen manipulieren. Gefahr droht durch Missbrauch von Wissen oder ungünstige Einflüsse. Eine Blockade dieser Kraft führt zu Langeweile und schließlich zum intellektuellen Tod.

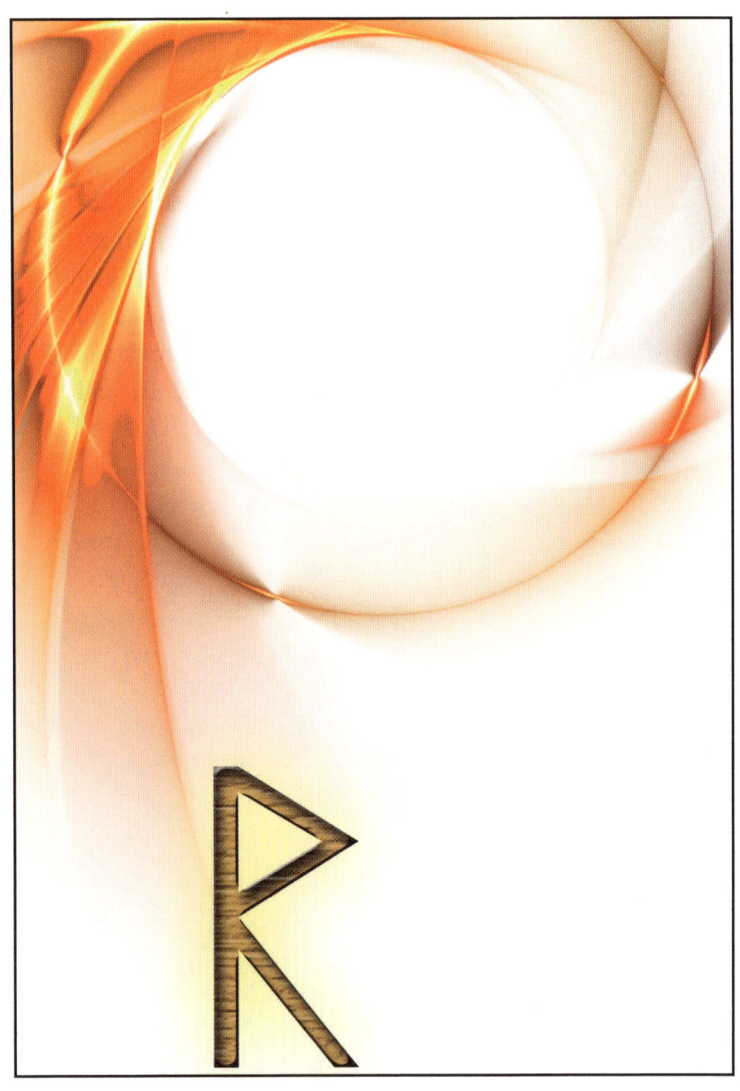

5 Raidho - R

Schlüsselwörter:
Reiten, Streitwagen des Thor, Fahrzeug, Reise, Weg
rechtmäßiges Handeln und rechtmäßige Ordnung
Gesetz des kosmischen Zyklus
Religion, Magie, Ritual, Rhythmus
Modernes Deutsch: reiten, Ross
Modernes Englisch: riding, rowel

*Reiten im Saale ist leicht für den Krieger.
Doch schwer ist der Ritt
auf dem mächtigen Ross,
wenn der Weg viele Meilen lang ist.* AERL

*Reiten, so sagt man, ist schlimm für Pferde.
Reginn schmiedete das beste Schwert.* ANRL

*Reiten ist glückseliges Sitzen
und eine flinke Reise
und Plage des Pferdes.*

Jupiter: Jupiter AIRL

Kommentar

Raidho stellt das kosmische Gesetz der rechtmäßigen und archetypischen Ordnung im Multiversum dar. Dies wird durch natürliche Phänomene, wie zum Beispiel den täglichen Weg der Sonne und den Kreislauf von Natur und Menschheit, zum Ausdruck gebracht.

Raidho wurde zu einem Symbol für organisierte Religion, oder genauer gesagt, von Ásatrú, der alten Form germanischer Religion. Infolge ihrer inneren, unbewussten, instinktiven und heiligen Struktur war in alten Zeiten die äußere, auf sie selbst gerichtete, religiöse Struktur in weit geringerem Maß *festgelegt*. Diese innere Ordnung spiegelte sich in Einrichtungen, die eine ausgewogene Mischung von Religion, Magie und Recht (Politik) darstellten. Heute ist die R-Rune ein Symbol für die »Umkehr zum rechten Pfad«, durch bewusste Bemühung des *ásatrúarfólk,* die Essenz der ursprünglichen Ordnung wieder zurückzugewinnen.

Diese Rune repräsentiert das richtige, ordnungsgemäße Durchschreiten des Einweihungsweges durch die neun Welten von *Yggdrasill.* Auch weiser Ratschlag und gerechtes Urteil werden *raidho* zugeschrieben. Einen weiteren, wichtigen Aspekt des Mysteriums der R-Rune stellt jener des Rituals dar, das heißt, die nach kosmischen Gesetzen vorkommende Anordnung von Energie und Handlungsweise für einen bestimmten

Zweck. Die Betonung liegt dabei auf der korrekten Anordnung dieser Energien.

Raidho ist die nach den natürlichen Gesetzen erfolgende Kanalisierung der Kraft auf dem richtigen Weg zum richtigen Ziel. Sie verkörpert und analysiert einen bestimmten, zur Verwirklichung des Gesetzes von Ursache und Wirkung notwendigen Aspekt (siehe auch P-Rune).

Auch das Konzept des Rhythmus und des Tanzes stellt eine wichtige Eigenschaft der R-Rune dar. Dieser Rhythmus findet in allen Welten des Multiversums seinen Ausdruck. Durch rhythmische Handlungen und rituelle Tänze kann der *vitki* seinen persönlichen Rhythmus erfahren, mit ihm verschmelzen, und damit gleichzeitig mit dem Rhythmus der Welt und dem des Tanzes eins werden. Dies ist die Rune jenes rituellen rhythmischen Tanzes, der auch heute noch praktiziert werden sollte.

Raidho drückt sich auch im Konzept der spiralenförmigen Entwicklung aus. Dies entspricht der traditionellen Ideologie der Lebenszyklen, die immer im Kreis, aber stets aufwärts (oder abwärts) in Richtung auf ein Ziel – den Punkt – verlaufen. Das Erreichen dieses Zieles stellt nicht das Ende des Weges dar, sondern eine Transformation und einen Neubeginn mit dem Ziel einer weiteren Expansion nach außen. In der Tradition des Volkes ist diese Rune ein Symbol für das

Vehmische Gericht und damit ein Zeichen für die tief im Volk verwurzelten religiösen Gesetze, denen der Vorrang gegenüber denen der weltlichen Gesetzgeber eingeräumt wird.

Heller Stab

Vernunft, Tat, Gerechtigkeit, befohlenes Wachstum, Reise

Befohlener Wandel. Befohlene ethische Taten sind notwendig; sie erfordern Planung, Vorbereitung und gutes Urteil. Handeln ist angezeigt. Sammeln Sie Erfahrung in der »äußeren Welt«. Stärken Sie *fyigja* und *hamingya*. Eine Reise oder eine Veränderung der häuslichen Situation steht bevor. Logik könnte wichtig werden. Erwarten Sie Gerechtigkeit. Nutzen Sie Ihre Vernunft und guten Rat.

Diese Rune symbolisiert auch einen Mensch, der mit dem Recht oder mit dem Transportwesen zu tun hat.

Dunkler Stab

**Krise, Starrheit, Stagnation,
Ungerechtigkeit, Unvernunft**

Harte Zeiten stehen bevor, vielleicht eine spirituelle Krise, deren Ursache mangelnde Vorbereitung ist. Starre Routine kann spirituelle Langeweile auslösen. Hüten Sie sich vor schlechtem Rat. Wenn *raidho* blockiert wird, sind Ungerechtigkeit, Gewalt, Abstumpfung oder Unvernunft die Folge.

6 Kenaz - K

Schlüsselwörter:
Fackel oder Wunde *(kaunaz)*,
Rune der Menschheit
kontrollierte Energie, Transformation,
Regeneration
schöpferischer Wille, Fähigkeiten, Kreativität
sexuelles Verlangen, Zeugung
Modernes Deutsch: kühn
Modernes Englisch: keen

ᚲ *Jeder kennt die lodernde Fackel.
Sie ist klar und hell, und sie brennt,
wenn die Edlen im Saale sitzen.* AERL

ᚴ *Die Wunde ist der Fluch der Kinder.
Kummer macht den Menschen bleich.* ANRL

ᚴ *Die Wunde ist die Last der Kinder
und eine Geißel
und das Haus verwesenden Fleisches.*

flagella: Peitsche AIRL

Kommentar

Die K-Rune verkörpert das Mysterium der Regeneration durch Tod oder Opferung. Es ist die Rune des Feuers, das heißt, des vom Menschen kontrollierten Feuers in Form der Fackel (im Gegensatz zu der ursprünglicheren und archetypischen Macht der F-Rune).

Rituell gesehen ist *kenaz* das Feuer der Schöpfung, des Opfers, der Feuerstelle und der Esse – vom Menschen kontrolliertes und einem bestimmten Zweck dienendes Feuer. Die Verbrennung als Begräbnisritual erleichtert die Transformation der psychischen Aspekte des psychosomatischen Komplexes in neue und regenerierte Formen und verhindert ihren Rückfall in die Ausgangsform. Im Opferfeuer wird das Fleisch des Opfertieres gegart und geheiligt, und damit vorbereitet für den Genuss durch Menschen und Götter. Das Feuer wird stets als transformierende und regenerierende Kraft angesehen.

Kenaz verkörpert die Fähigkeit und den Willen, etwas hervorzubringen und zu erschaffen. Es ist deshalb die Rune des Künstlers und des Handwerkers und ein Symbol für die technischen Aspekte der Magie. Wiederum wird die Bedeutung des kontrollierten Feuers – der kontrollierten Energie – ersichtlich. Die kontrollierte Macht der Psyche wird mit der kontrollierten Energie der Natur kombiniert, und aus dieser Verbindung geht ein künstlerisch gefertigter Gegenstand hervor. Die K-Rune ist die »Rune des Menschen«, die Rune der Menschheit.

Kenaz repräsentiert einen großen Schatz an Wissen und Fachwissen, das heißt Wissen in Kombination mit Fähigkeit.

Ein weiterer Aspekt von *kenaz* ist das Mysterium der Erzeugung eines Dritten aus der Vereinigung von zweien. Gegensätze werden in einer ästhetischen Art und Weise zusammengefügt und das Ergebnis dieser Vereinigung im Sichtbaren manifestiert.

Die K-Rune ist die Rune menschlicher Leidenschaft, Lust und sexueller Liebe in ihrer positiven Bedeutung. Hier liegt die emotionale Wurzel der Kreativität in allen Bereichen des Handelns. Dieser Aspekt der Rune entspricht in vielem der Göttin Freya.

Kenaz ist auch für das Konzept des *kin* von Bedeutung, besonders im Zusammenhang mit jenem Teil der Stammesüberlieferungen, der eine Einheit der lebenden und toten Mitglieder des Stammes vertritt, und zwar in einer synkretischen Form bewusster Lebenskraft.

Heller Stab

technische Fähigkeiten, Inspiration, Kreativität, Transformation, Nachwuchs

Innere Kreativität und Kunstfertigkeit oder allgemeine Geschicklichkeit und Befähigung. Ruhe und Entspannung sind jedoch Voraussetzung. Das schöpferische Feuer nützt der Persönlichkeit. Die Rune empfiehlt Transformation, das Formen oder Umformen der gegenwärtigen Situation, erleuchtet von göttlicher Inspiration. Vielleicht ist ein Kind unterwegs.

Diese Rune symbolisiert auch einen Künstler oder Kunsthandwerker.

Dunkler Stab

**Krankheit, Bruch, Unfähigkeit,
Mangel an Kreativität**

Unerwünschte Auflösung, vielleicht in Form von körperlichen Krankheiten oder einer gescheiterten Beziehung. Probleme mit Kindern können auftreten. Eine Blockade von *kenaz* führt zu Instabilität und mangelnder Kreativität oder Geschicklichkeit.

7 Gebo - G

Schlüsselwörter:
Geschenk, Großzügigkeit
Schenkender – Beschenkter
Gastfreundschaft
Harmonie zwischen Geschwistern
Heiliges Mysterium der Zweiheit
Ekstase, Sexualmagie, Opfer
Modernes Deutsch: Gabe
Modernes Englisch: gift

X
*Geben ist Stolz und Lob des Menschen
Hilfe und Würde für viele.
Für Heimatlose
ist Obdach und Nahrung.* AERL

Kommentar

Gebo ist die Rune »Gottes«, das heißt, die dem Ginnungagap (magisch geladenes Nichts) vor der Schaffung der Welten innewohnende eminente, unbewusste magische Kraft*, das heilige Mysterium der Zweiheit in der Einheit (oder mehrerer in Einem).

Diese Rune verkörpert den Schenkenden, den Vorgang des Schenkens, das Geschenk und den Beschenkten, das Subjekt, Verb, direktes und indirektes Objekt des Multiversums. Sie beschreibt auch einen Teil des Opfermysteriums als Geschenk der Götter an die Menschheit (in letzter Konsequenz das Geschenk der Macht) mit dem Ziel, die Ökologie der kosmischen Macht aufrechtzuerhalten. Durch die Macht dieser Rune werden Menschen infolge eines Willensaktes zusammengefügt, um ein bestimmtes Ziel zu erreichen. Dieses Zeichen symbolisiert die den runischen Reihen zugrundeliegende Kraft, das Gefolgssystem etc.

Die G-Rune weist vom Prinzip her einige Ähnlichkeiten mit der A-Rune auf, da sie ebenfalls eine Rune der Ekstase darstellt. Sie repräsentiert das Mysterium

---

* Ehe sie mit dem Christentum in Berührung kamen, war in den altgermanischen Sprachen das Wort »Gott« (AN godh) sächlichen Geschlechts. Erst nachdem das vom männlichen Geschlecht dominierte christliche Dogma in die Sprache eingesickert war, änderte sich das Geschlecht des Wortes und wurde maskulin.

ekstatischer, magischer Macht, die vom *vitki* als göttliches Wissen empfangen und bewahrt wird.

Gebo steht auch für das Mysterium der psychischen Vereinigung zweier Menschen (gewöhnlich von Mann und Frau) oder mehrerer Menschen, um eine schöpferische Macht hervorzubringen, welche die Summe ihrer Einzelkräfte übersteigt. Es ist die Rune der sexuellen Magie. In altgermanischen Zeiten wurde sexuelle Magie besonders zur Erlangung göttlichen Wissens und göttlicher Weisheit praktiziert. Sigurdhr, der größte germanische Held, wurde von der *valkyrja* namens Sigrdrífa (Brynildr) in einer an Sexualsymbolismus reichen Szene (aus ihrer Vereinigung geht ein Kind hervor) in die runische Weisheit eingeweiht.

Ein weiterer Beweis dafür findet sich im Lied der achtzehnten Rune des *Hávamál* (Lied 164):

Ein achtzehntes weiß ich,
das ich aber nicht singe
Vor Maid noch Mannesweibe
Als allein vor ihr,
die mich umarmt,
Oder sei es, meiner Schwester.
Besser ist, was einer nur weiß;
So frommt das Lied mir lange.

Gebo ist die Rune der Liebe unter Geschwistern, die psychosexuelle Kraft, die zwischen zwei Kraftpolen ausgetauscht wird — zwei menschlichen oder zwei göttlichen. Im letzteren Fall steht *gebo* für die sexuelle Lebenskraft, wie sie in der Fruchtbarkeitsmagie und in schamanistischen Praktiken zur Anwendung gelangt.

Heller Stab

Geschenk, Geben, Großzügigkeit,
magische Begegnung,
Ehre, Opfer

Seien Sie gastfreundlich und großzügig, und nehmen Sie beide Gaben auch an. Sie dürfen sich auf ein materielles oder spirituelles Geschenk freuen. Rechnen Sie mit hohem Ansehen, Ehre, Würde. Vielleicht zeichnen Sie auch einen anderen damit aus, wenn Sie Macht haben. Eine magische Begegnung mit einem Menschen des anderen Geschlechts ist möglich. Ein eindrucksvolles und synchronistisches *(Wyrd)* Erlebnis könnte bevorstehen.

Diese Rune kann auch einen Menschen symbolisieren, der für eine gemeinnützige Organisation oder im Hotel- und Gaststättengewerbe arbeitet.

Dunkler Stab

**gekaufter Einfluss, Gier,
Einsamkeit, Abhängigkeit,
zu große Opfer**

Geben Sie nicht alles her, was Sie haben. Geben Sie klug. Machen Sie sich nicht von Geschenken anderer abhängig, denn viele erwarten ein Gegengeschenk. Rechnen Sie damit, dass jemand Einfluss mit Geschenken erkaufen will. Hüten Sie sich vor finanzieller Abhängigkeit. Vielleicht wird Ihre Lage schlechter, ehe sie besser wird. Eine Blockade von *gebo* führt zu Gier und Schwäche oder zu Armut und Einsamkeit.

8 Wunjo - W

Schlüsselwörter:
Freude, Fröhlichkeit, Vergnügen
Harmonie, Wohlbefinden,
Anziehungskraft zwischen geistesverwandten
Wesen
Kameradschaft, Bindung
Modernes Deutsch: Wonne
Modernes Englisch: wyn

Freude empfindet,
wer den Kummer nicht kennt
und wer sich der Macht
und des Glückes erfreut
und ein gutes Zuhause hat. AERL

Kommentar

Die W-Rune stellt die tiefverwurzelte Anziehungskraft zwischen geistesverwandten Wesen dar, das heißt, Wesen, die aus einer gemeinsamen Quelle stammen. Diese werden in einem organischen Ganzen zusammengefügt, das in der Welt der Menschen in Form der Clans und Stämme seinen Ausdruck findet. In der Welt der alten Germanen war die Gesellschaft »stammesorientiert«, denn ein starker traditioneller Clan bot den wirkungsvollsten Schutz gegen Eindringlinge von außen oder ein totalitäres System von innen. Indem er der Ehre und der Integrität des Stammes den Vorrang einräumte, war der Einzelne am besten imstande, seine Freiheit zu wahren.

Wunjo verkörpert das Mysterium des harmonischen Zusammenlebens verschiedener verwandter Kräfte. Innerhalb der Stammesgemeinschaft stellt dies die Quelle höchster Freude dar. Wenn alle Mitglieder des Stammes in harmonischer Weise zusammenarbeiten, während sie synkretisch in ihre Umwelt integriert sind, so herrscht ein wahrhaft heiliger Zustand. Die Macht der W-Rune hilft bei der Förderung von Kameradschaft und Wohlwollen zwischen Brüdern und Schwestern und spielt damit eine wichtige Rolle bei der Aufrechterhaltung von Gesellschaften und Gilden.

Wunjo repräsentiert die Energie, die unterschiedliche Kraftfelder vereint, und ist damit ein äußerst wertvolles Konzept für die Runenmagie. Mit Hilfe dieser Energie ist dem *vitki* möglich, mehrere Runen zu einer einzigen harmonischen Kraft zu vereinen, die auf ein spezifisches Ziel ausgerichtet werden kann.

Tipp: Omina einholen

Wenn Sie eine Bestätigung für Ihre Deutung der Runen haben wollen, holen Sie Omina ein. Das ist ein traditioneller Bestandteil der altgermanischen und indoeuropäischen Orakel. Die Wissenschaft der Omina (AN *heilar*) ist so komplex, dass ich hier nur kurz auf die einfachste Methode eingehen kann.

Setzen Sie sich im Freien hin, und visualisieren Sie eine schützende Mauer aus Energie, die Sie umgibt (sie sollte nicht kleiner als zehn Quadratmeter sein, darf aber viel größer sein). Warten Sie, bis ein Vogel oder ein anderes Tier diesen geschützten Raum betritt oder überfliegt.

Dunkelfarbige Vögel oder andere Tiere (vor allem wenn sie schwarz, rot, dunkelblau oder dunkelbraun sind) bestätigen Ihre Deutung, helle Tiere (besonders weiße, hellbraune oder hellblaue) entwerten sie.

Heller Stab

Harmonie, Freude, Kameradschaft, Wohlstand

Gesellschaftliche und häusliche Harmonie ist zu erwarten. Sie haben keine Schmerzen oder können sie ertragen. Denken Sie stets an Ihre Ideale, und streben Sie nach ihnen. Sie sind entweder gesund oder müssen auf Ihre Gesundheit achten.

Versuchen Sie, ungleiche Elemente in Ihrem Leben zusammenzubringen; ordnen Sie Ihr Leben. Harmonisieren Sie Ihre innere und äußere Welt.

Neue Beziehungen – nicht unbedingt sexueller Art – sind wahrscheinlich. Geschäftliche Beziehungen können materiellen Wohlstand bringen.

Diese Rune symbolisiert auch einen Menschen, der im Bereich der Fürsorge tätig ist.

Dunkler Stab
Lähmung, Sorgen, Streit, Entfremdung

Die Rune deutet Lähmung des Individuums im Gruppengeist an. Wenn die Bemühungen des Einzelnen untergehen und sein Ich unterdrückt wird, ist ein Identitätsverlust die Folge.

Eine Blockade der *Wunjo*-Energie führt zu Streit und Entfremdung, auch zu innerer Entfremdung mit dem Selbst und den Göttern.

9 Hagalaz - H

Schlüsselwörter:
Ursame, kosmisches Ei – Vereinigung, Evolution
kosmisches Muster – Urmuster der Schneeflocke
Vollendung, Mutter der Runen,
heiligste Zahl Neun, Schutz
Modernes Deutsch: Hagel
Modernes Englisch: hail

*Kein Korn ist weißer als Hagel.
Er fällt hoch vom Himmel
im wirbelnden Wind,
dann wird er zu Wasser.* AERL

*Hagel ist das kälteste Korn.
Christus* schuf die Welt in alter Zeit.* ANRL

*Hagel ist ein kaltes Korn
und ein Schauer aus Schnee
und die Krankheit der Schlangen.*

grando: Hagel AIRL

* *Vermutlich wurde hier ursprünglich Hroptr (ein Name für Odin) als Erschaffer der Welt genannt, bevor die Stelle beim Übertragen durch christliche Schreiber geändert wurde.*

Kommentar

Hagalaz stellt das kosmische Eis-Ei dar, das die kristallisierte magische Macht und das kosmische Urmuster beinhaltet. Das Hagelkorn stellt ein Symbol für das brodelnde »Raureif-E« dar, das den Samen von Ymir enthält, dem Ur-Riesen des Raureifs. Ymir entstand aus der Kreuzung des Weltenfeuers von Muspellsheimr mit dem Welteneis von Niflheimr. Diese Rune verkörpert das vollständige potenzielle Paradigma des Multiversums – das Ei der Manifestation. Dieses »Samenkonzept« wird im vorangegangenen Altisländischen Runengedicht angesprochen.

Die H-Rune verkörpert das Mysterium der Struktur der Welt und definiert die Urform des Multiversums. Die Schneeflocke formt sich selbst nach dem sechsfachen Muster des alten heiligen Zeichens: ✷ :, welches später im Jüngeren Futhark das Zeichen : ᚼ : ersetzte.

Hagalaz repräsentiert das vollendete Modell, das die potenzielle Energie neutraler Macht im Multiversum enthält, die aus der dynamischen, schöpferischen und generativen Einheit von Feuer (Energie) und Eis (Antimaterie) entsteht.

Die H-Rune beschreibt die ewige kosmische Harmonie.

In der germanischen Religion und Mythologie stellt die Zahl Neun die heiligste und geheimnisvollste aller Zahlen dar: Yggdrasill besteht aus neun Welten, Ódhinn hing neun Nächte lang auf jenem Baum, um die Runen zu empfangen, der Gott Heimdallr wurde von neun Müttern geboren und so weiter. Es ist die Zahl der Vollendung, die zu einer Expansion von Macht und Produktivität führt.

Hagalaz ist die Mutter der Runen, einerseits auf Grund ihres numerischen Wertes, andererseits wegen ihrer Form : ✶ : (die tatsächlich die ursprüngliche Ausgangsform darstellen könnte). Aus der sechsteiligen *hagalaz* können alle runischen Formen abgeleitet werden, wenn man sie in einer dreidimensionalen Figur anordnet (siehe Zeichnung).

Die H-Rune steht für stetige Evolution innerhalb eines vorgegebenen Rahmens.

Hagalaz ist das Zeichen des Schutzes und des Banns, da der vollendete und harmonische Charakter dieser Rune besondere Sicherheit mit sich bringt und dem Eindringen disharmonischer Elemente vorbeugt.

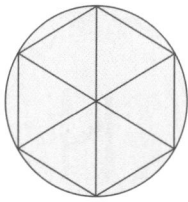

Die Mutterrune: das stabile hagalaz

Heller Stab

**Wandel nach dem Vorbild von Idealen,
gemeisterte Krise,
Vollendung, innere Harmonie**

Eine Veränderung oder Transformation in Ihrem Leben, vielleicht eine Krise oder ein Trauma. Die Ursache liegt wahrscheinlich jenseits Ihres derzeitigen Bewusstseins. Seien Sie auf eine Krise vorbereitet. Diese Rune empfiehlt Ihnen, sich nach mythischem Vorbild selbst zu harmonisieren – das ist die einzig mögliche Vorbereitung. Streben Sie nach reinen (kristallinen) Idealen oder Prinzipien. Wenn Sie die Krise für Veränderungen nutzen, ist ein guter Ausgang zu erwarten.

Die Rune deutet an, dass Ihre derzeitige Situation unter dem Einfluss höherer Formen oder Archetypen umgeformt wird.

Sie symbolisiert auch einen Mystiker, Magier oder Priester.

Dunkler Stab

Katastrophe, Krise, Stagnation, Machtverlust

Eine Krise zerstört Ihre vitalen Kräfte und Quellen des Wohlbefindens. Mangel an Vorbereitung. Wandel zum Schlechteren. Stagnation führt zur Katastrophe. Eine Blockade des »Hagels« löst totalen Stillstand und Mangel an Veränderungen im Leben aus. Das sieht zunächst vorteilhaft aus, doch wir müssen Krisen zwar in den Griff bekommen, dürfen sie aber nicht vollständig meiden.

10 Naudhiz/Nauthiz - N

Schlüsselwörter:
Not, vom Schicksal auferlegte Zwänge
Elend, aber auch Erlösung daraus
Schutz auf spiritueller Ebene
Liebesmagie
Modernes Deutsch: Not
Modernes Englisch: need

*Die Not ist ein enger Reif um die Brust.
Doch oft bringt sie, zeitig erkannt,
den Menschen Hilfe und Rettung.* AERL

*Die Not macht das Leben schwer.
Die Nackten frieren in der Kälte.* ANRL

*Die Not ist der Kummer der Magd,
eine schwere Zeit und harte Arbeit.*

opera: Unheil AIRL

Kommentar

Naudhiz ist die kosmische Kraft der Mächte, die das »Schicksal« der Menschheit und der Welt formen. In dem der P-Rune gewidmeten Abschnitt werden der germanische »Schicksals«begriff *(ørlög)* und diese »formenden Kräfte« (Nornir) näher analysiert. Die N-Rune steht nicht für *ørlög* selbst, sondern verkörpert eine kosmische Kraft, die zu seiner Bildung nötig ist, jene des *Widerstandes*. Es ist die Synthese einer innewohnenden These und Antithese, die in der gesamten Runenreihe zum Ausdruck kommt.

Naudhiz ist ein Konzept mit zwei Seiten. Es steht für den Begriff des Elends, aber auch für die Erlösung aus diesem Elend. In der folgenden Strophe eines altenglischen Runengedichtes kommt dieser Gedanke gut zum Ausdruck:

(Not) schnürt die Kehle zusammen,
jedoch entsteht daraus den Menschensöhnen
oft Hilfe und Gesundheit,
wenn sie ihr rechtzeitig Beachtung schenken.

Die N-Rune steht für das selbst erzeugte Feuer, die brennende Not, entstanden durch Reibung und Widerstand gegen die Erfüllung der menschlichen Pflichten sowohl materieller wie auch spiritueller Natur. *Naudhiz* repräsentiert die vom Willen gelenkte

Handlung, verbunden mit Wissen und Weisheit, die als eine Gegenkraft zu den negativen Kräften von *ørlög* fungieren kann.

Naudhiz steht auch für das Konzept des In-Erscheinung-Tretens. Den Ursprung dieses Gedankens stellte die Schöpfung der Nornir dar. Zu jenem Zeitpunkt wurde der Widerstand im Universum geboren, das Gesetz der Kausalität wurde auf den Plan gerufen und der Same der »Zerstörung« der Götterwelt wurde gesät. Dies darf nicht im Sinne irgendeines »moralisch schlechten« oder ähnlicher Konzepte gesehen werden. Die heiligen Nornir tragen auch zur Erhaltung des Multiversums bei, indem sie ständig Wasser aus der Quelle des Urdhr auf den Weltenbaum gießen, so dass er nicht verwelkt und stirbt.

Infolge der dem Symbolismus dieses Zeichens innewohnenden sexuellen Elemente wurde die N-Rune zu einem machtvollen Werkzeug isländischer Liebesmagie. Sie hat auch eine stark beschützende Funktion – besonders auf spirituellen Gebiet.

Heller Stab

**Widerstand (macht stark), ørlög wird erkannt,
Innovation,
Selbstgenügsamkeit**

Wer in Not ist, ergreift Maßnahmen, um sie zu lindern. Wenn Sie unter Stress leiden, können Sie ihn bewusst in Kraft verwandeln, und wenn Ihr Wille auf Widerstand stößt, wird er stärker. Krisen fördern das schöpferische Denken und die Selbstgenügsamkeit. Ein Wandel führt zur Rettung durch die Kraft des Selbst.

Diese Rune symbolisiert auch eine heiße Liebesaffäre oder eine Krise der derzeitigen Beziehung. Außerdem steht sie für untergeordnete Arbeiter und Bürokraten, aber auch für Mystiker oder Magier.

Dunkler Stab

eingeschränkte Freiheit, Kummer,
Plage, harte Arbeit,
Nachlässigkeit

Äußere Umstände schränken Ihre Freiheit ein. Hüten Sie sich vor einer feindseligen Umgebung. Ihr Wille stößt auf Widerstand. Das harte Leben macht Sie mürbe. In Ihren inneren und äußeren Beziehungen gibt es Reibungen. Sie sind zu »äußerlich« geworden – wenden Sie sich nach innen.

Eine Blockade von *naudhiz* führt zu mangelnder Dynamik im Leben. Es besteht die Gefahr, dass Sie sich auf den »Weg des geringsten Widerstandes« locken lassen. Die Folge wäre innere Schwäche.

11 Isa - I

Schlüsselwörter:
Welteneis, Antimaterie, »Schwarzes Loch«
Brücke zwischen den Welten und dem Jenseits
Ego, erhöhte Selbst-Bewusstheit, Konzentration
Modernes Deutsch: Eis
Modernes Englisch: ice

> *Eis ist überaus kalt und schlüpfrig.*
> *Es funkelt wie Glas, so wie Juwelen.*
> *Schön ist ein Boden aus Frost.* AERL

> *Eis nennen wir die breite Brücke,*
> *den blinden Wunsch, geführt zu werden.* ANRL

> *Eis ist die Rinde des Flusses*
> *und das Dach der Wellen*
> *und eine Gefahr für Sterbende.*

> *glacies: Eis* AIRL

Kommentar

Die I-Rune stellt den Gegenpol zur Kraft der F-Rune dar. *Isa* ist jenes Welteneis, das aus Niflheimr fließt. Sie stellt nicht die Materie dar, sondern eher ein Konzept der Antimaterie, die, wenn sie mit der Muspellsheimr entspringenden Energie vereint wird, zur Bildung von »Materie« in unserem Sinn führt (Midhgardhr). *Isa* kann in einigen Fällen der *prima materia* anderer Philosophien gleichgesetzt werden. In gewisser Weise wird dieses Mysterium durch das »Schwarze Loch« symbolisiert. Die I-Rune stellt die Anziehungskraft, Schwerkraft, Trägheit und Entropie im Multiversum dar. In der Mythologie werden Aspekte dieser Kraft durch die Eis-Riesen *(hrîmthursar)* dargestellt. *Isa* ist die Stille, das Fehlen jeglicher Schwingung – ein einzigartiges Geheimnis germanischer Kosmogonie/Kosmologie. Dieses Konzept ist ebenso metaphysisch wie das als »Geist« bezeichnete.

Feuer und Eis sind diejenigen Kräfte, die die Welt erschaffen, aber diese Kräfte sind es auch, die jeder »Existenz« ein Ende setzen werden.

Infolge ihrer zentralisierenden und konzentrierenden Wirkung ist *Isa* das Symbol des individuellen Ichs. Sie repräsentiert eine Kraft, die das Ich des Ego während der belastenden Prüfungen des Einweihungsprozesses zusammenhält, und stellt als solches eine Brücke zwischen den Welten und dem Jenseits dar.

Heller Stab

konzentriertes Selbst, Bewusstheit, Selbstbeherrschung, Einheit

Erhöhte Selbst-Bewusstheit. Schwierige Situationen werden dank innerer Ressourcen bewältigt. Übergang (nicht immer leicht) von einem Seinszustand zu einem anderen. Diese Rune rät zur Innenschau ohne Abkapselung von der Welt. Sie brauchen tatkräftige, erleuchtete Hilfe für mögliche Übergänge. Sie verfügen über Selbstbeherrschung, können andere beeinflussen und haben ein Ziel, an das Sie glauben. Dieses Element hat eine gewisse faszinierende Schönheit. *Isa* kann auch einen Mystiker, Schurken oder Toten symbolisieren.

Dunkler Stab

Egomanie, Stumpfheit, Blindheit, Auflösung

Zuviel »Eis« lässt die Lebenskraft erstarren und macht egozentrisch. Die Folge sind Langeweile, Dummheit und Blindheit für das Ganze. Übergänge sind gefährlich, aber die Gefahr verbirgt sich möglicherweise hinter Schönheit. Vielleicht wird Ihr Wille geschwächt, oder Sie lassen sich von äußeren Kräften beherrschen. Wird *isa* blockiert, verzetteln Sie Energie und verlieren an Konzentration.

12 Jera - J

Schlüsselwörter:
Jahr, Ernte, Belohnung, Genuss der Früchte
aufgewendeter Bemühungen
Zyklus des Sonnenjahres, der Jahreszeiten,
Adler
Modernes Deutsch: Jahr
Modernes Englisch: year

*Die Ernte ist die Hoffnung der Menschen,
wenn Gott, der Herrscher des Himmels,
die Früchte der Erde
den Armen und Reichen gibt.* AERL

*Gute Ernte ist der Gewinn der Menschen.
Ich sage, Frodhi war großzügig.* ANRL

*Gute Ernte ist der Gewinn aller Menschen
und ein guter Sommer
und ein reifes Feld.*

annus: Jahr AIRL

Kommentar

Jera verkörpert das zyklische Muster des Universums, das sich in der Formel: Entstehen-Sein / Werden-Vergehen und neues Entstehen ausdrückt. Dieses Muster zieht sich durch die gesamte Runenreihe. Die J-Rune ist eine der beiden »zentralen« Runen des Älteren Futhark. Sie beschreibt die zyklische Natur der stets im Werden begriffenen, horizontalen Ebene, das Geheimnis des allgegenwärtigen Kreises. Diese Rune verkörpert das Mysterium des zwölfteiligen Zyklus des jährlichen Sonnenumlaufs. *Raidho* ist der tägliche Weg und die bahnbrechende Kraft der Sonne, *jera* ihr jährlicher Weg und *sowilo* die archetypische Sonne selbst. *Jera* stellt die Belohnung für ehrenhaftes, rechtmäßiges und den Gesetzen der Natur entsprechendes Verhalten in der Vergangenheit dar. Dies ist nicht eigentlich im moralischen Sinn gemeint – hier geht es um Naturgesetze. Wenn der Same richtig gesät wird, so geht die Sage, und das Glück *(hamingja)* mit dir ist, dann wird die Ernte reichlich ausfallen. Es ist der Genuss der Früchte wohlüberlegter Bemühungen zur Erreichung eines bewusst oder instinktiv gewählten Zieles. Dies hat sowohl für das Reich der Götter wie auch der sichtbaren Erscheinung Gültigkeit.

Der kosmische Fruchtbarkeitsaspekt dieser Rune weist auf die Göttin Freya hin, die man *til árs ok fridhar* (um gute Jahreszeit, gute Ernte und um Frieden) anflehte. Der altnorwegische Name *ár* vermittelt uns die weitverbreitete Assoziation dieser Rune mit dem Adler (AN *ari*) als ein Symbol des schnellen Fluges der archetypischen Sonne.

Heller Stab

Lohn, Fülle, Frieden, richtiges Timing

Lohn für richtiges Handeln. Reiche und gute »Ernte« ist zu erwarten. Vielleicht ist jemand großzügig zu Ihnen. Ruhe und Frieden, geboren aus materiellem Wohlstand, stehen bevor. Sie erleben nun die organische / materielle Manifestation Ihres Tuns. Seien Sie geduldig, und handeln Sie zur rechten Zeit. Diese Rune kann auch einen Bauern symbolisieren oder jemanden, der im Finanzbereich arbeitet.

Dunkler Stab

Wiederholung, schlechtes Timing, Armut, Konflikt

Gefangenschaft in zyklischen Mustern. Sie sind unfähig, Verhaltensweisen aufzugeben, die Sie ständig wiederholen. Falsches Timing oder falsches Handeln führt zu Misserfolg. Versagen und Armut kann die Folge falscher Arbeit sein. Eine Blockade von *jera* macht Sie unfähig, zyklische natürliche Muster zu nutzen. Fehlendes Wissen über die Natur kann Konflikte mit dem Selbst und mit anderen auslösen, wenn Sie versuchen, es zu kompensieren.

13 Eihwaz - E, I oder Ei

Schlüsselwörter:
Eibe, Eberesche, Baum des Lebens, Yggdrasill
Baum des Lebens und des Todes,
göttliche Einweihung
vertikale kosmische Achse
Ausdauer, Schutz
Modernes Deutsch: Eibe
Modernes Englisch: yew oder yogh

*Die Eibe ist außen ein rauer Baum,
und hart, fest in der Erde,
Hüterin des Feuers, von Wurzeln gestützt –
eine Freude im Heim.* AERL

*Die Eibe ist das grünste Holz im Winter,
und sie gibt ein sengendes Feuer.* ANRL

*Die Eibe ist ein bespannter Bogen
und brüchiges Eisen
und Farbauti (ein Riese) des Pfeiles.*

arcus: Bogen, Regenbogen AIRL

Kommentar

Eihwaz repräsentiert die vertikale Achse der Welt, die der zentralen Säule von Yggdrasill, dem kosmischen Baum entspricht. Der altnordische Weltenbaum wurde in Wirklichkeit meist durch eine Eibe symbolisiert, nicht durch eine Esche, wie oft angenommen wird. Diese Behauptung wird auch durch alte Texte unterstützt, die ihn als »immergrün« bezeichnen und von seinen Nadeln sprechen – die Eibe gehört zu den Koniferen. Ein anderer Name für die Eibe im Altnordischen lautet *barraskr* (Nadelesche). Das Wort *Yggdrasill* bedeutet entweder »Das Streitross des Yggr (des Óðhinn)« oder »Eibensäule«. Die frühere Bedeutung bezieht sich direkt auf das schamanische Ritual im *Hávamál*. Der Galgen wird im Altnordischen oft poetisch als das »Pferd der Erhängten« bezeichnet. Dies bezieht sich auf das Ritual, mit dem sich die *erilaz* zur Hel (Reich der Toten, Unterwelt) aufmachen und dann weiter in alle neun Welten, um Weisheit zu erlangen. Dies geschieht entlang der vertikalen Dimension des Multiversums. Das: ᛇ : steht für die »Achse der Götter«, welche die drei Reiche des Himmels, der Erde und der Unterwelt durchdringt und sie verbindet. Eine ähnliche, aber unterschiedliche Aufgabe wird von der T-Rune erfüllt. Bei jener liegt die Betonung aber auf der *Trennung,* hier auf der *Verbindung.*

Diese Rune verkörpert das Mysterium von Leben und Tod und nimmt in ihrer Essenz eine mystische Vereinigung der beiden vor. Die Eibe *(Taxus baccata)* enthält ein alkaloides Toxin, welches das Zentralnervensystem beeinflusst. Sorgfältig zubereitet, stellt dieses Toxin ein wirkungsvolles Halluzinogen dar. Ein gewisser Medizinprofessor namens Kukowka an der Universität Greiz in Ostdeutschland entdeckte, dass die Eibe an warmen Tagen ein gasförmiges Toxin abgibt, das im Schatten des Baumes schwebt und bei einem Menschen, der sich unter seinen Zweigen befindet, Halluzinationen hervorrufen kann. Man sollte die Bedeutung dieser Entdeckung beim Studium des schamanischen Charakters der Yggdrasill-Initiation nicht außer Acht lassen. Neben ihrer Verbindung mit dem Tod ist die Eibe auch das Symbol des ewigen Lebens und der Ausdauer. Dies liegt vor allem an den besonderen Eigenschaften dieses Baumes: Die Eibe ist immergrün, extrem langlebig (sie wird bis zu zweitausend Jahre alt) und widerstandsfähig, und ihr Holz weist außergewöhnliche Härte auf.

Eihwaz ist die lebensspendende Kraft und der Weg, diese Kraft zu erlangen. In der jüngeren Reihe wird diese Rune durch: ᛁ: dargestellt (AN ýr), manchmal mit der Bedeutung »Bogen aus Eibenholz«. Der Grund dafür ist in der Tatsache zu sehen, dass Bögen häufig aus dem harten und elastischen Eibenholz hergestellt wurden. Zusätzlich besteht eine Verbindung zwischen dem

»Gott des Bogens«, Ullr, und dem Mysterium der Eibe, Ullr ist der archaische Todesgott, der die Jahreszeit des Yule regiert.

Die Eibe stellt auch ein machtvolles Zeichen des Schutzes und des Banns dar. (Siehe auch das Zeichen: ᛉ : und die diesbezüglichen Zusammenhänge). Selbst heute noch wird in manchen Teilen Deutschlands das magische Sprichwort: »Vor den Eiben kann kein Zauber bleiben« verwendet.

Heller Stab

Erleuchtung, Ausdauer, Initiation, Schutz

Die »Eibe« fördert die spirituelle Erleuchtung entlang der vertikalen Achse des Bewusstseins. Geistige Zähigkeit und Flexibilität sind notwendig. Die innere Flamme muss durch strikte Disziplin entzündet werden. Machen Sie sich unabhängig von der natürlichen / mechanischen Ordnung des Kosmos. Gezielte Veränderungen des Bewusstseins sind ratsam (Initiation). Wenn Sie Ihre innere Kraft erkennen, können Sie sich vor äußeren Gefahren schützen. Bringen Sie Licht und Dunkelheit zusammen. Diese Rune kann auch einen Mystiker oder Magier symbolisieren.

Dunkler Stab

Verwirrung, Zerstörung, Unzufriedenheit, Schwäche

Wenn *eihwaz* zu früh im Leben kommt, können Verwirrung und Bestürzung die Folge sein. Das heiße, unbewusst entzündete Feuer kann dazu führen, dass wir »ausbrennen«, verfallen und sterben. Wird *eihwaz* in jenen Menschen blockiert, die dafür bereit sind, drohen Unzufriedenheit, Langeweile und ein Gefühl der Sinnlosigkeit, möglicherweise auch Willensschwäche und Mangel an Selbstdisziplin.

14 Perthro - P

Schlüsselwörter:
Vorrichtung zum Loswerfen, Würfelbecher
Ur-Schichten im Sinne von »Karma«
Weissagung, Realisierung von Vorstellungen oder Ereignissen als magischer Akt
Modernes Deutsch: –
Modernes Englisch: perd

> *Ein Würfelbecher heißt Spielen und Lachen*
> *wenn tapfere Krieger in der Halle*
> *beim Bier fröhlich beisammen sitzen.* AERL

Kommentar

Perthro ist ein kultisches Symbol für die Wirkung der Kraft von *ørlög* im gesamten Multiversum und für die Möglichkeiten, welche den Menschen und Göttern für die Erforschung dieser Wirkung zur Verfügung stehen. *Ørlög* wird meistens mit dem Wort »Schicksal« übersetzt, dieser Ausdruck stellt aber leider eine zu starke Vereinfachung dar und ist leider mit einem Beigeschmack von »Vorherbestimmung« behaftete wie er im christlichen Dogma zu finden ist. Diese Bedeutung ist im nordischen Ausdruck in keiner Weise enthalten. *Ørlög* bedeutet wörtlich »Ur-Schichten«, das heißt, Schichten, (AN *log:* »Gesetze«) entstanden durch vergangene oder frühere Handlungsweisen, die durch das Präfix Ør angezeigt werden, das für eine früheste Form oder Urform in Zeit oder Raum steht. Diese selbstverursachten Schichten aus vergangenen Täten stellen die Gesetze dar, denen Götter und Menschen unterworfen sind. Es sind nicht die unabänderlichen Gesetze der Natur, sondern eher jene, welche die Gesetze der Wesenheiten auf Grund von Handlungen und Geschehnissen der Vergangenheit bestimmen. Es ist dieses kosmische Prinzip, auf dem das allgemeine germanische Gesetz aufgebaut ist. Als Konzept weist es ganz offensichtlich starke Ähnlichkeit mit dem Karma des Sanskrit auf und steht im Widerspruch zur Vorherbestimmung des christlich-jüdischen Glaubens.

Die P-Rune enthält das Mysterium der nornischen Gesetze. Die Nornir sind die Medien, durch die eine Handlung empfangen wird, um dann in eine projektierbare, im Wesentlichen aber unveränderte Form umgewandelt und in die Sphäre zurückgegeben zu werden, aus der diese Handlung ursprünglich erhalten wurde. *Perthro* ist die Rune der Zeit, und dieses Konzept kommt auch in den Nornir zum Ausdruck. Ihre Namen lauten Urdhr, Verdhandi und Skuld (Urdhr, »das Gewordene«, Verdhandi »das Werdende« und Skuld »was zu werden bestimmt ist« – ein Konzept der Nicht-Vergangenheit / Gegenwart). Die nornische Kraft definiert einen Aspekt des Gesetzes von Ursache und Wirkung im Multiversum. Ein Verständnis dieser Kraft ist daher unerlässlich in der Ausübung der Runenkunst.

Eine zentrale Aussage der P-Rune ist das Mysterium der Weissagung und der Gleichzeitigkeit. Die Kunst der Weissagung ermöglicht es dem *vitki*, persönliches oder jenseits des Persönlichen liegenden *ørlög* zu erkennen und sich der Skuld-Kraft sowie der Einflüsse von Urdhr und Verdhandi bewusst zu werden.

Perthro stellt den großen Plan des kosmischen Werdens dar, was im Sinne der vorstehend angeführten Prinzipien verstanden werden sollte. Sie stellt das Paradigma für die Kriterien dar, nach welchen der Widerstand (:ᚾ:) zwischen Kräften organisch geregelt und ausgeglichen wird.

Die P-Rune wird als ständige Veränderung wahrgenommen – die ewig die gleiche bleibt.

Heller Stab

**günstiges Schicksal, Wissen um das ørlög,
Kameradschaft und Freude,
evolutionärer Wandel**

Eine Quelle der Freude für Edelleute (erleuchtete, mächtige Menschen) im Festsaal. Ein Brunnen des Wissens und der Ekstase für Edelleute im Zustand der Kontemplation, also innerhalb ihrer psychosomatischen Grenzen (»Halle«), erfüllt vom Wasser (»Bier«) des odianischen Bewusstseins.

Dies ist in der Regel eine günstige Rune; sie verspricht gute Kameradschaft und Glück, deutet aber auch auf evolutionären Wandel und Wachstum hin.

Die Rune kann auch einen Entertainer oder Musiker symbolisieren.

Dunkler Stab
Sucht, Stagnation, Einsamkeit, Unbehagen

Die Sucht nach dieser Kraft kann Chaos, Zerstörung und Verwirrung hervorrufen. Ihr unkluger Gebrauch führt zur Vergeudung von Lebenskraft. Wird *perthro* blockiert, sind Stagnation, Einsamkeit und Freudlosigkeit die Folge.

15 Elhaz oder Algiz – S später Z

Schlüsselwörter:
Elch (elhaz), Schutz (algiz), Schwan
Schutz – Einfriedung, magischer Hain
Verbindung zwischen Göttern und Menschen
Regenbogen
Pfad der Zweige und Wurzeln
Modernes Deutsch: Elch
Modernes Englisch: elk

*Elchgras wächst meist
im Wasser des Moores.
Es verwundet und rötet mit Blut
jeden, der versucht, es zu packen.* AERL

Kommentar

Von ihrer Symbolik ist diese Rune historisch vielleicht die umfassendste von allen. Sind ihre Geheimnisse jedoch einmal ergründet, tritt ein einheitlicher ideologischer Komplex zutage.

Die urgermanische Form *algiz* bedeutet »Schutz« und ihr Runenzeichen leitet sich möglicherweise vom ursprünglichen, symbolischen Zeichen für Schutz und Verteidigung ab: der Hand mit den gespreizten Fingern. Auch das Konzept der *valkyrjur* ist mit diesem Zeichen in Verbindung gebracht worden, und zwar durch die Deutung seines Namens als »Schwan«. Die *valkyrjur* sind beschützende und lebensspendende Wesen, die oft in einem magischen Umhang aus Schwanenfedern durch die Lüfte fliegen. Diese Wesen gewähren Schutz und Kraft und sind das Medium, durch welches Óðhinn mit seinen auserwählten Helden kommuniziert. Als Schutz und Sieg bringendes Zeichen wurde: Y : oft in Speere geschnitzt.

Elhaz in der Bedeutung »Elch« bezieht sich auf die vier kosmischen Hirsche, die ständig an den Nadeln des Weltenbaumes nagen. Auch die Eibe tritt im Symbolkomplex dieser Rune in Form des altnordischen Wortes *i (h)war* in Erscheinung, das nur in runischen Inschriften zu finden ist. Dieser Ausdruck bedeutet entweder »Eibe« oder »Eibenbogen« und wird in späterer Zeit durch das Wort *yr* und das Runenzeichen: ᛣ : wiedergegeben. Es stellt eine Alternativform des normalen : Y :, im Futhark von Charnay angeführten: ᛪ : dar.

In der Z-Rune ist ein Aspekt der Schutzmacht der göttlichen Zwillinge enthalten. Der von Tacitus in der *Germania* überlieferte Name dieser Zwillinge, Alcis, könnte tatsächlich mit dem Runennamen in Verbindung stehen. Ideographisch wurden die göttlichen Zwillinge oft übereinander dargestellt, wobei der Kopf des einen auf dem Kopf des anderen ruht, ähnlich der ursprünglichen Form der Rune (siehe Zeichnung).

Die göttlichen Zwillinge auf der Felsenzeichnung von Ryland/Tanum.

Der aggressive, kriegerische Aspekt der Zwillinge wird in Form zweier Hirsche ausgedrückt, die anderen Aspekte in Form von Pferden (siehe E-Rune).

Elhaz ist jene Kraft im Leben und im »Geist« des Menschen, die ihn in Richtung der Welt der Æsir streben lässt.

Es ist die Rune der Verbindung zwischen den Göttern und der Menschheit, die Kraft, die das Bewusstsein des Menschen zum Reich der Götter zieht. *Elhaz* verkörpert die dreifarbige Brücke aus schimmerndem Licht, Bifröst, die »Regenbogen-Brücke« der nordischen Mythologie. Diese Brücke verbindet Ásgardhr, Midhgardhr und Hel, und sie ermöglicht dem Bewusstsein die Reise durch die einzelnen Welten. Es ist eher der gewundene Pfad der Zweige und Wurzeln als der gerade Weg des Stammes (:ᛉ:), ein Symbol für die magische Macht des *hamingja*. Die Z-Rune verkörpert die Kraft, die Heimdallr in seiner Eigenschaft als Wächter von Ásgardhr einsetzt.

Elhaz ist eine Rune des Bewusstseins und der Bewusstheit (eine hugrún). Bifröst stellt jene Brücke dar, über welche die Riesen des Raureifs und des Feuers die Welten der Götter und der Menschen zerstören. All dies wird am ehesten durch eine Synthese der einzelnen, bereits beschriebenen Mysterien verständlich.

Heller Stab

**Verbindung mit den Göttern,
Erwachen, höheres Leben, Schutz**

Dieser Runenstab kann Unheil bedeuten, außer für den erfahrenen Runenwerfer. Wer weiß, wie er *elhaz* »wird«, ohne es »anzufassen«, darf mit göttlichen Offenbarungen rechnen. Stürmen Sie nicht vorwärts wie ein Krieger, sondern seien Sie umsichtig wie ein Odianer. Diese Kunst oder Erkenntnis sowie göttliche Kommunikation wird hier angedeutet. Man kann diese Kraft auch umdrehen und für einen Angriff oder zur Selbstverteidigung benutzen. Im Allgemeinen symbolisiert diese Rune keine Menschen, sondern göttliche Kräfte.

Dunkler Stab

**verborgene Gefahren,
verzehrt von göttlichen Kräften,
Verlust der Verbindung mit den Göttern**

Große Gefahren lauern im Verborgenen. Fehlende Vorbereitung führt dazu, dass archetypische Kräfte Sie verzehren. Dabei kann das Selbst Schaden nehmen. Eine Blockade dieser Kraft ist für viele Menschen ein Vorteil; edle Menschen und Erulianer sind dann jedoch von ihrem *fylgja* (griechisch *daimon*, lateinisch *genius)* abgeschnitten.

16 Sowilo - S

Schlüsselwörter:
Sonne, heiliges Sonnenrad
Weg und Ziel,
Erfolg und Ehre
Magischer Wille
Modernes Deutsch: Sonne
Modernes Englisch: sun

*Alle Seefahrer hoffen auf Sonne,
wenn sie über das Bad der Fische segeln,
bis sie das Pferd der See
an Land bringen.* AERL

*Die Sonne ist das Licht des Landes.
Ich verneige mich vor ihrer Heiligkeit.* ANRL

*Die Sonne ist der Schild der Wolken
und strahlender Glanz
und die lebenslange Sorge
(die Zerstörerin) des Eises.*

rota: Rad AIRL

Kommentar

Die S-Rune verkörpert die archetypische Sonne und das Licht dieser Sonne, symbolisch in Form des Sonnenrades ausgedrückt. Das Konzept des sich drehenden Rades (AN *hvel)* ist für das Verständnis der Rune wesentlich. Es wird durch die Räder des Sonnenwagens dargestellt: ᚱ:, ebenso wie durch die Scheibe, die durch die Kraft dieses kosmischen Wagens entsteht. Dieser Symbolkomplex steht im Zentrum des alten, hyperboreischen Sonnenkultes, der seine Blüte im Bronzezeitalter erreichte. Im Norden existierten für die Sonne zwei spezielle Namen. Sie werden durch das altnordische *sól* und das Kultwort *sunna* (beide weiblichen Geschlechts) wiedergegeben. Im »Alvismál« (16. Strophe) der *Älteren Edda* heißt es:

Unter Menschen heißt sie Sól
und Sunna unter den Göttern.

Sól steht für das Phänomen, während *sunna* die geistige Idee, die dem Konzept innewohnende, spirituelle Macht repräsentiert. Das Mysterium der Sonne ist im Wesentlichen weiblicher Natur – die Sonne und die Macht der Sonne galten bei den alten germanischen Völkern als weibliche Attribute.

Sowilo ist der magische Wille, der im gesamten Multiversum zum Ausdruck kommt. Im einzelnen

Menschen drückt sich dieser Wille in den »spirituellen Rädern«, den *hvel*, aus. Dieses Wort entspricht vom Sinn her genau dem Sanskritwort *Chakra*. In diesem Aspekt stellt diese Rune einen Gegenpol zur Macht des kosmischen Eises dar. Die S-Rune ist oft mit der Macht von Blitz und Donner in Verbindung gebracht worden und damit mit den in *thurisaz* verkörperten Konzepten.

Sowilo stellt die eminente spirituelle Kraft dar, die den *vitki* durch die Pfade von Yggdrasill geleitet. Diese Rune verkörpert einen Aspekt des Zieles und auch den aktiven, mit Entschlossenheit verfolgten Weg zu diesem Ziel. Sie kann als eine dynamische Verbindung zwischen Himmel und Erde (Ásgardhr und Midhgardhr) dienen.

Sowilo ist die Rune des germanischen Ehrencodex, ein höchst wirkungsvoller Weg zu ekstatischen Erfahrungen. In späterer Zeit wurde diese Rune als die »Siegesrune« bekannt. Sie stellt auch tatsächlich eine machtvolle, willensgelenkte Kraft dar und kann einem Menschen zu großem Erfolg und zum Sieg verhelfen, wenn sie richtig angewendet wird. Die eigentliche si-grún (Siegesrune) der Alten war jedoch die T-Rune.

Heller Stab
**Führung, Hoffnung, Erfolg,
erreichte Ziele, Ehre**

Es besteht Grund zur Hoffnung. Sie werden gut beraten. Wenn Sie sich »verirren«, finden Sie den Weg. Konzentrieren Sie sich auf Ihr Ziel, und Sie haben Erfolg. Diese Rune ist ein gutes Zeichen, wenn eine Reise, vor allem eine Seereise, bevorsteht. Hören Sie auf den höheren Rat Ihres Selbst oder anderer. Das Licht der Sonne verbrennt alle äußeren Erscheinungen (»Eis«) und lässt nur die wahre Wirklichkeit übrig. Diese Kraft schützt den Runenwerfer vor feindlichen Mächten. Sie überwindet kosmische oder seelische Trägheit und hilft Ihnen auf der Reise.

Sowilo bringt Ehre und Glück. Vielleicht wollen Sie sich weiterbilden.

Diese Rune kann auch einen Seemann oder Lehrer symbolisieren.

Dunkler Stab

falsche Ziele, schlechter Rat, trügerischer Erfolg, Leichtgläubigkeit, Verlust des Zieles

Schlechter Rat. Diese Rune enthüllt, dass Sie, ohne es zu merken, Ziele verfolgen, die andere gesetzt haben. Sie sind zwar erfolgreich, aber mit unehrenhaften Mitteln, und Sie neigen dazu, Antworten und Führung außerhalb Ihres Selbst zu suchen. Leichtgläubigkeit. Eine Blockade der »Sonne« bewirkt, dass Sie Ihre Lebensziele aus dem Auge verlieren. Sie sind verwirrt, und Ihre Pläne scheitern, weil Sie die richtige Richtung nicht finden.

17 Tiwaz - T

Schlüsselwörter:
Kriegsgott Týr
Gerechtigkeit, Ordnung in der Welt
Sieg (in Einklang mit dem Gesetz), Speerspitze
Himmelswölbung, von Irminsul gestützt
Modernes Deutsch: »Dienstag« geht auf Týr zurück
Modernes Englisch: teu

↑ *Tir ist ein Stern. Den Edlen treu folgt er seiner Bahn durch die Nebel der Nacht, verfehlt nie den Weg.* AERL

↑ *Tyr ist der einhändige Æsir. Der Schmied muss viele Male schlagen.* ANRL

↑ *Tyr ist der einhändige Gott und die Überbleibsel des Wolfes und der Herrscher des Tempels.*

Mars: Mars AIRL

Kommentar

Die T-Rune verkörpert die Kraft des Gottes Ása-Týr. Týr ist der nordische Gott, der für Recht und Gesetz sowie für die Verfahren des *thing* (der germanischen Generalversammlung) zuständig ist. Die Kraft des Týr ist passiv regulierender Art. In der nordischen Mythologie ist es dieser Gott, der in seinem Charakter der Transzendenz am nächsten kommt. Diese Eigenschaften werden in der wichtigen Sage über Týr beschrieben, nach welcher der Gott seine Hand (»seine aktiven Fähigkeiten«) im Rachen des Fenriswolfes opfert, um die anderen Æsir vor der Zerstörung zu bewahren. *Tiwaz* ist damit die Rune der Selbstaufopferung und der Könige und die der großen Führer des Volkes.

Das Wort *tiwaz*, im Altnordischen *týr*, stellt die genaue Entsprechung des Sanskritwortes *dayus*, des griechischen Zeus und des lateinischen Worte *Ju*-piter dar. In *tiwaz* ist ein dreifaches Geheimnis verborgen: (l) Gerechtigkeit, (2) Krieg und (3) die Weltensäule. Einige bestimmte Aspekte aller drei Konzepte sind in der runischen Kosmologie eng miteinander verbunden. *Tiwaz* stellt im Wesentlichen die Kraft der göttlichen Ordnung im Multiversum und besonders in der Menschheit dar.

Aber Týr ist auch als ein »Kriegsgott« von Bedeutung, da jedem Konflikt von den alten Nordländern eine besondere richtende und spirituelle Bedeutung beigemessen wurde. Ein altnordisches Wort bringt diesen Gedanken recht gut zum Ausdruck: *vápnadómr* (»Rechtsprechung durch Waffen; Krieg«). Eine kriegerische Auseinandersetzung wurde als Kampf zwischen göttlichen Kräften in Verbindung mit physischen angesehen, wobei beide Kräfte letztendlich dem gleichen Ursprung entstammen. Jener Mann oder jene Armee, die mit größerer göttlicher Macht ausgestattet ist (begründet und verursacht durch rechtmäßiges und ehrenhaftes Handeln in der Vergangenheit) wird von *ørlög* begünstigt werden, um den Kampf zu gewinnen. Týr regiert über diese Form der Rechtsprechung und wird damit zu einem wichtigen Kriegsgott, den man um den Sieg anflehte.

Der von der T-Rune ausgedrückte Aspekt der Weltensäule ist jener der Trennung von Himmel und Erde. Durch diese Trennung entsteht die Möglichkeit des phänomenologischen Ausdrucks, und sie ist daher für die Manifestation im Multiversum, wie wir sie kennen, notwendig. Die Weltensäule hält die Ordnung der Welt aufrecht und schützt Menschen und Götter vor der Zerstörung, die eintreten würde, wenn Himmel (Energie) und Erde (Materie) aufeinanderstürzen würden.

Tiwaz wird durch die Irminsul der Sachsen dargestellt. Diese Weltensäule ist die *axis mundi,* deren oberes Ende der Polarstern darstellt.

Die T-Rune verkörpert das Mysterium spiritueller Disziplin und des dem göttlichen Gesetz entsprechenden Glaubens. Sie stellt den religiösen Instinkt im Individuum und in der Gesellschaft dar.

Tiwaz erleichtert die soziale Integration und Ordnung nach dem spirituellen Kodex der Æsir.

Heller Stab

Treue, Gerechtigkeit, Vernunft, Selbstopfer, Analyse

Dies ist das Los von *troth* (Glaube, Treue) und Vertrauen, das allen Entbehrungen trotzt. Rechnen Sie mit Gerechtigkeit und gutem Urteil, gestützt auf eine sorgfältige Analyse der Tatsachen. Der Sieg gehört Ihnen, wenn Sie klug handeln; aber Sie müssen vielleicht Opfer dafür bringen. Tapferkeit, harte Arbeit und Wissen sind notwendig. Seien Sie zuverlässig und loyal, dann können Sie das Gleiche von anderen erwarten. Planen Sie sehr sorgfältig, und streben Sie nach Präzision. Arbeiten Sie systematisch, zum Beispiel mit Hilfe mathematischer Prinzipien.

Diese Rune kann auch einen Wissenschaftler oder Akademiker symbolisieren.

Dunkler Stab

**geistige Lähmung, übertriebenes Analysieren,
zu viele Selbstopfer,
Ungerechtigkeit, Unausgewogenheit**

Sie neigen dazu, sich in Analysen und Details zu verzetteln. Das kann dazu führen, dass Sie zu wenig handeln und das Ganze nicht sehen. Sie planen immer, tun aber nichts. Selbstopfer schaden letztlich Ihren Interessen. Eine Blockade von *tiwaz* führt zu Ungerechtigkeit, Disharmonie, Verwirrung und Unvernunft.

18 Berkano - B

Schlüsselwörter:
Birke, Birkenzweig, Birkengöttin
Erdenmutter, Geburt, Augenblick
Kreislauf von Geburt – Leben – Tod
Herrscherin über alle beschützenden, verbergenden
und der Einweihung dienenden »Erdhäuser«
Modernes Deutsch: Birke
Modernes Englisch: birch

*Die Birke trägt keine Früchte,
doch sie hat Glieder ohne fruchtbaren Samen.
Sie hat herrliche Äste, beladen mit Laub,
wie eine Krone, die den Himmel berührt.* AERL

*Der Birkenzweig ist grün von Blättern.
Loki brachte das Glück des Verrats.* ANRL

*Der Birkenzweig ist ein Arm voller Blätter
und ein kleiner Baum
und ein junges Holz.*

abies: Silbertanne AIRL

Kommentar

Die B-Rune enthält das komplexe Mysterium der Großen Mutter. In ihrem kosmologischen Aspekt ist sie die Mutter jeglicher Manifestation und verkörpert das Mysterium kosmischer und menschlicher Geburt und Wiedergeburt.

Berkano herrscht über die vier zentralen menschlichen »Übergangsrituale«, die zu den kritischen Zeitpunkten des Lebens – Geburt, Eintritt in die Welt der Erwachsenen, Hochzeit und Tod – stattfinden.

Diese Göttin der Birke stellt auch die dunkle Seite der »Schrecklichen Mutter« dar, die über den Tod regiert. In der nordischen Mythologie wird sie durch Hel repräsentiert. Tacitus berichtet in der *Germania,* Kapitel 40, über die Göttin Nerthus als Erdenmutter. In diesem Kult wird die Göttin, begleitet von einem Priester, in ihrer Kutsche durch das ganze Land gezogen und spendet ihren Segen für Frieden und Fruchtbarkeit. Wenn die Prozession beendet ist, nimmt Nerthus Menschenopfer entgegen, um die von ihr aufgewendete Kraft wieder zu ersetzen.

In der B-Rune ist alles Werden und Sein enthalten. Sie ist die Einheit des Kreislaufs von Geburt-Leben-Tod-Wiedergeburt durch das »Mysterium des Augenblicks«. Es ist die »Einheit der Evolution«, jener Augenblick des »Seins » (ein einziger, vollständiger

Zyklus von Entstehen-Sein / Werden-Vergehen und neuem Entstehen) aus dem das »Werden« besteht.

Das Phänomen des Zufalls in der Natur wird durch diese Rune beschrieben, denn in jedem Augenblick steht jede dieser Existenzeinheiten für sich allein, obwohl alle Teil eines universellen Musters sind.

Berkano ist das passiv Empfangende und die erhaltende schützende Macht. Sie verbirgt und schützt.

Die B-Rune herrscht über alle schützenden oder verbergenden Orte wie Höhlen, Behausungen verschiedenster Art oder die zur Einweihung bestimmten »Erdhäuser« (AN *jardhhús).*

Heller Stab

**Geburt, Veränderungen im Leben,
Schutz, Befreiung**

Neubeginn auf der Grundlage alter Muster. Allmählicher Wandel. Was zunächst noch klein ist, kann dennoch wichtig sein. Innerhalb der Tradition können Sie spirituell wachsen. Im häuslichen Bereich sind Ruhe und Frieden Voraussetzung für Veränderungen. Erotische Beziehungen ändern ihr Gesicht. Diese Rune verspricht Wohlstand und Schönheit. Um Ziele zu erreichen, kann Kunstfertigkeit oder Schläue notwendig sein.

Berkano kann auch eine Mutter oder eine Hure symbolisieren.

Dunkler Stab

**getrübtes Bewusstsein, Täuschung,
Sterilität, Stagnation**

Wenn Sie in der »natürlichen Welt« untertauchen, wird Ihre Selbstbewusstheit trübe. Sie sind fasziniert von der Schönheit der Erscheinungen. Hüten Sie sich vor Betrug. Eine Blockade von *berkano* kann zu Sterilität des Geistes und Körpers sowie zu einer Stagnation in allen Lebensbereichen führen.

19 Ehwaz / Ehwo - E

Schlüsselwörter:
Pferd, zwei Pferde *(ehwo)*, Sleipnir
harmonische Dualität, rechtmäßige Ehe
Fruchtbarkeit
Vertrauen, Loyalität
göttliche Zwillinge
Instrument für das Reisen durch das Jenseits
Modernes Deutsch: –
Modernes Englisch: eh

M *Das Pferd ist die Freude der Edlen.*
Es trabt auf stolzen Hufen herbei,
wenn reich geschmückte Helden es rufen.
Allen Betrübten ist es ein Trost. AERL

Kommentar

Ehwo repräsentiert die Macht der göttlichen Zwillinge. Diese Machtstruktur spiegelt eine duale Form germanischen Königtums wider. Diese Führer wurden in der Mythologie oft als Pferde dargestellt. Denken wir nur an Hengist (Hengst) und Horsa (Pferd), die sächsischen Eroberer von Britannien. Auch der Name der Zwillingsgöttin von Veda, Aśvinau, bedeutet wörtlich »die zwei Pferde«. Hier wird eher die harmonische Beziehung zwischen den beiden in den der dualen Machtstruktur zum Ausdruck gebrachten Kräften betont als die defensive und nach außen gerichtete Kraft, welche von der Z-Rune repräsentiert wird.

All das weist auf die enge Beziehung zwischen Mensch und Pferd hin, die bei den Indoeuropäern im Allgemeinen und den germanischen Völkern im Besonderen erkennbar ist. Das Pferd stellt eine Quelle göttlichen Wissens dar und Pferde wurden oft von den alten germanischen Priestern in Weissagungsriten befragt.

Die spirituelle Qualität von *ehwaz* steht in engem Zusammenhang mit der Menschheit *(mannaz)*. Im altnordischen heißt es: *marr er manns fylgja* (das Pferd ist der Doppelgänger oder Schutzgeistes des Mannes). Die Binderune für ᛗ und ᛖ ist ᛖ *(em),* was so viel bedeutet wie »ich bin«.

Die E-Rune erleichtert das Reisen zwischen den einzelnen Welten von Yggdrasill – der *vitki* kann mit ihrer Macht sozusagen durch die Reiche der Realität »reiten«.

Ehwaz ist die Rune von Sleipnir, Óðhinns achtfüßigem Streitross. Oft findet man auf runischen Amuletten das Bild eines auf einem Pferd reitenden Mannes als symbolische Form integrierten magischen Schutzes unter der Schirmherrschaft von Óðhinn. Dies ist der jenseitige Aspekt von *ehwaz*, das Pferd steht jedoch auch mit Fruchtbarkeitsmagie in Verbindung und damit mit Freyr, dem Gott der Fruchtbarkeit, des Friedens und der Sinnlichkeit.

Dies ist die Rune des Vertrauens und der Loyalität. Die spirituelle Beziehung zwischen einem Reiter und seinem Pferd ist ein gutes Beispiel für die Kraft dieser Rune. In diesem Geheimnis ist ein großes Potenzial an Macht enthalten.

Ehwaz ist die Kombination *zweier* gleichgestimmter, aber in Form einer Dualität ausgedrückter Kräfte oder Wesenheiten (wie Mann / Pferd, Pferd / Kutsche, Mann / *fylgja*, Körper / Seele), die in harmonischer Weise auf ein gemeinsames Ziel hinarbeiten (zum gegenteiligen Konzept siehe Th-Rune).

Die E-Rune stellt das Symbol der idealen Mann-Frau Beziehung und somit das Mysterium der mit dem Gesetz im Einklang stehenden Ehe dar.

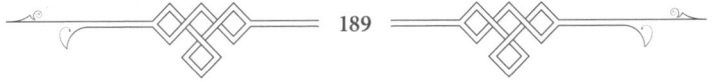

Heller Stab

**Harmonie, Teamwork,
Vertrauen, Loyalität**

Diese Rune deutet dynamische Harmonie an, vor allem mit einem Partner, Ehepartner oder Mentor. Durch Teamwork geht die Individualität nicht verloren. Sie verstehen, dass Geben und Nehmen wichtig ist, und akzeptieren die Eigenheiten anderer. Die Ergebnisse werden gut sein. Werden Sie zum Partner Ihres *fylgja*. Eine Ehe oder eine formelle Partnerschaft könnte bevorstehen. Gegenseitiges Vertrauen und Loyalität sind notwendig und vorhanden.

Diese Rune kann auch einen Ehepartner oder Geschäftspartner symbolisieren.

Dunkler Stab

doppelte Mühe, Disharmonie, Misstrauen, Betrug

Es besteht die Gefahr, dass Sie sich im Partner verlieren. Zu viel »Harmonie« führt zu Gleichmacherei und unnötiger doppelter Anstrengung. Eine Blockade von *ehwaz* hat Misstrauen, Betrug, Disharmonie und Scheidung zur Folge.

20 Mannaz - ᛗ

Schlüsselwörter:
Mensch, Intelligenz
Eingeweihter, vollkommener Mensch
göttliche Struktur und Verbindung
genetische Verbindung zwischen Menschen
und Göttern, androgyn
Modernes Deutsch: Mensch
Modernes Englisch: man

ᛗ *Ein fröhlicher Mensch wird geschätzt,
und doch muss jeder seine Freunde verlassen;
denn der Herr hat sein schwaches Fleisch
der Erde gegeben.* AERL

ᛉ *Der Mensch vermehrt den Staub.
Mächtig ist die Kralle des Falken.* ANRL

ᛉ *Der Mensch ist die Freude des Menschen,
er vermehrt den Staub
und schmückt die Schiffe.*

homo: Mensch AIRL

Kommentar

Mannaz ist das Mysterium der göttlichen (archetypischen) Struktur in jedem Einzelwesen und in der Menschheit im Allgemeinen. Diese Struktur wird vom Gott Heimdallr als Urahn der Menschheit verliehen. Eine Schilderung davon finden wir in der »Rígsthula« der *Älteren Edda*. Sie beschreibt, wie Rigr (Heimdallr) die archetypischen Repräsentanten der drei sozialen Funktionen in der Welt der Menschen hervorbringt – den Ernährer, den Krieger und den Priester/König – welche die drei Ebenen der göttlichen Struktur widerspiegeln. Heimdallr ist eigentlich Ódhinn in einer seiner vielen Ausdrucksformen, der des Ur-Vaters (Alfadhir).

Die M-Rune stellt das Symbol Heimdalirs als genetische Verbindung zwischen Göttern und Menschen und als Wächter von Bifröst dar. Dies ist die Rune, die die Entstehung der germanischen Völker aus der göttlichen Ordnung und die göttliche Abstammung der Menschen beschreibt. Sie repräsentiert das Mysterium der Menschheit und die runische Struktur in der menschlichen Seele.

Mannaz ist die Macht menschlicher Intelligenz, Vernunft, Erinnerung und Tradition. Es ist das Runenzeichen des »vollendeten Menschen« – des vollkommenen menschlichen Wesens – des Eingeweihten in einer der vielen Kulte des »Älteren Glaubens«. *Mannaz* stellt ein androgynes, archetypisches Wesen dar, und ihr Mysterium verkörpert somit die Macht des Androgynen in der psychologischen Sphäre der Menschheit. Die M-Rune repräsentiert die Einrichtung der Blutsbrüderschaft.

Heller Stab
göttliche Struktur, Intelligenz, Bewusstheit, soziale Ordnung

Dies ist das Los der Menschen und der Menschlichkeit mit all ihrem Adel und all ihrer geistigen Macht, aber auch mit ihren Schwächen und ihrer Sterblichkeit. Diese Rune steht für große Intelligenz, deren Quelle höheres oder göttliches Wissen ist. Das Selbst muss reifen. *Mannaz* verspricht inneres Glück und Glück in der Gemeinschaft, wenn Sie die Wahrheiten der menschlichen Existenz erkennen. Scheuklappen werden fallen, und Sie werden die Welt sehen, wie sie ist. Diese Rune kann jeden Menschen symbolisieren, besonders aber Suchende aller Art.

Dunkler Stab
Depression, Sterblichkeit, Blindheit, Selbsttäuschung

Depression und Hoffnungslosigkeit drohen. Sie grübeln zu viel über Sterblichkeit und Schwäche und fürchten wahres Wissen. Beziehungen gründen auf Lügen und Irrtümern. Eine Blockade von *mannaz* führt zu Blindheit, Selbsttäuschung und zur Neigung, in einer Phantasiewelt zu leben.

21 Laguz / Laukuz - L

Schlüsselwörter:
Gewässer, Wasser, Meer, Quelle organischen Lebens
Wasserbesprengung eines Neugeboren
zur Namensgebung
Einweihung, Wiedergeburt *(laguz)*
Lauch, Kräutermagie *(laukuz)*, phallische Macht
Modernes Deutsch: Lache oder Lauch
Modernes Englisch: lake oder leek

Endlos erscheint dem Landmann das Wasser,
wenn er auf dem schwankenden Schiff reist
und die Wogen des Meeres ihn schrecken
und das Pferd der See sich nicht zügeln lässt. AERL

Wasser fällt von den Bergen als starke Kraft.
Aber Gold ist ein kostbares Ding. ANRL

Nässe ist wirbelndes Wasser
und ein großer Kessel
und das Land der Fische.

lacus: See AIRL

Kommentar

Laguz ist die Grundenergie des Lebens im Multiversum und die geheime Quelle allen organischen Lebens. *Laguz* ist das Gesetz (AN *log*) des Lebens, innerhalb des ganzen Multiversums ebenso wie in Midhgardhr.

Es sind dies die Schichten (Gesetze) vergangener kosmischer und menschlicher Tat, welche die zukünftige Entwicklung der Lebensformen bestimmen.

Die L-Rune steht für die Ur-Wasser in Niflheimr, die das latente, ungeformte Potenzial des Lebens enthalten, welches zu Eis gefestigt und durch die Feuer von Muspellsheimr mit Energie geladen werden muss, bevor es als manifestiertes Muster verwirklicht werden kann.

Die L-Rune stellt eine machtvolle Rune der Einweihung dar – besonders der Einweihung in das Leben. In heidnischen Zeiten besprengte man ein neugeborenes Kind mit Wasser und gab ihm seinen Namen, sobald es sich als des Lebens würdig erwiesen hatte. Dadurch wurde das Kind wieder in die Lebenskraft seines Stammes integriert. Das Mysterium des *vatni ausa* (das rituelle Besprengen mit Wasser) geht auf vorchristliche Zeiten zurück und ist ein Hauptbestandteil der alten nordischen Lehre der Wiedergeburt – *aptrburdhr*. Die Funktionen der U-Rune und der L-Rune sind auf unterschiedlichen Ebenen eng miteinander verwandt.

Laguz beinhaltet auch den Ritus der Überquerung des Wassers am Ende des Lebens – der Überquerung des Ur-Wassers, um ins Totenreich zu gelangen. In diesem Zusammenhang sind die Mythen um Ódhinn als Fährmann der Seele von Bedeutung. Auch die Schiffsbegräbnisse der Wikinger und die dadurch angedeutete symbolische Überquerung des Wassers weisen auf diesen Glauben hin.

Die runische Form *laukaz* bedeutet auch »Lauch«, was im altnordischen Runennamen *laukr* zum Ausdruck kommt. Der Lauch ist ein Symbol für organisches Wachstum, phallische Macht (Tugend), und Fruchtbarkeit im physischen wie im spirituellen Bereich.

Laukaz herrscht über die Lehre der Kräutermagie, die im Altnordischen als *lyf* und im Altenglischen als *lac-nunga* bezeichnet wurde. Das *ítrlaukr* (glänzender Lauch) gab man oft einem jungen Mann, sobald er sich als Krieger erwiesen hatte.

Heller Stab

**Leben, Reise auf dem »Wasser«,
Meer der Lebenskraft, Meer des Unbewussten,
Wachstum**

Die Rune kündigt harte Prüfungen an, aber Sie können sie dank Ihrer Lebenskraft bestehen. Das Selbst entwickelt sich nach einer echten Initiation weiter. Ein Übergang von einem Zustand des Seins zu einem anderen steht bevor. Handeln Sie sofort. Selbstbeherrschung ist jetzt am wichtigsten. Fürchten Sie die Reise nicht. Wenn Sie »untergehen«, finden Sie das Gold des Wohlbefindens. Unangenehme Situationen fördern das Wachstum der Persönlichkeit.

Diese Rune kann konkret auch einen Seemann, Fischer oder Anwalt symbolisieren.

Dunkler Stab

**Furcht, im Kreis zu gehen;
aus dem Weg gehen,
welken**

Sie fürchten den Wandel und die Reise in die unbekannten Tiefen des Selbst. Es besteht die Gefahr, dass Sie »im Kreis herum« gehen und das Leben meiden. Sie bestehen die Prüfungen des Lebens nicht. Eine Blockade von *laguz* hemmt die Lebenskraft und führt zu Welkheit und Armut. Auch der Zugang zum reifen Selbst ist versperrt.

22 Ingwaz - ng

Schlüsselwörter:
Erdgott Ing, potenzielle Energie
Wachstums- und Reifeperiode
nordische Sexualmagie, Fruchtbarkeitsrituale
Modernes Deutsch: –
Modernes Englisch: Ing

*Ing wurde zuerst unter
den Dänen des Ostens gesehen.
Danach ging er über die Wogen zurück,
folgte seinem Wagen.
So berichten die Krieger von diesem Helden.* AERL

Kommentar

Man nimmt an, dass *Ingwaz* der Name eines alten germanischen Erdgottes ist, der zusammen mit der Erdmutter, Nerthus, wirkte. Ihr Kult war in alter Zeit besonders in den Nordseegebieten stark ausgeprägt. In einer Fassung des altenglischen Runengedichts wird berichtet:

*Ing wurde zuerst
unter den Ostdänen
von einem menschlichen Auge erblickt,
bis er gegen Osten ging
über das Meer,
sein Wagen folgte ihm nach:
so nannten die Heardings
den Helden.*

Der hier erwähnte Wagen ist identisch mit dem, der im Nerthus-Kult verwendet wurde. *Ingwaz* stellt den Gemahl der Erdmutter dar und den ihr zur Seite stehenden Priester. Dieser Kult spielte bei den Völkern der Nordsee eine so bedeutende Rolle, dass sie oft als Ingvaeones (Jene des Ing) bezeichnet wurden.

Der Vanische Gott Freyr war auch unter dem Namen Yngvi bekannt und spielte ebenfalls bei den Fruchtbarkeitsritualen eine Rolle, indem er in einem Wagen in rituellen Prozessionen fuhr. Es scheint, dass Freyr ganz allgemein im Norden die Rolle und den Namen des Ing an sich gerissen hat.

Im Ing-Nerthus-Kult verzehrt das feminine Element das maskuline, um die verbrauchten Energien wieder zu ersetzen, die nötig waren, um dem Land und dem Volk Fruchtbarkeit zu spenden. Hier wird ein starker Anklang an den Cybele-Attis-Kult bemerkbar. Kennzeichnend ist in diesem Zusammenhang die

Sage, in der Freyr sein Schwert opfert, um Skadhi zu gewinnen oder auch der Name Gelding (kastriertes Pferd) für Ódhinn. Das männliche Element repräsentiert die sich immer wieder selbst erneuernde »kosmische Nahrung« in Form von potenzieller Energie, die den Winter hindurch von der Göttin einbehalten wird, um sie dann im Frühling plötzlich und mit gewaltiger Kraft in einem orgiastischen Prozessions-Ritual wieder freizusetzen.

Die NG-Rune stellt einen Vorrat potenzieller Energie dar, die erst durch einen Prozess des Wachstums und der Reifung hindurchgehen muss, um an Kraft zu gewinnen. Dieses Prinzip hat für alle Ebenen des Multiversums Gültigkeit, und dieser Rune wohnt große Kraft inne, denn jede Macht muss eine solche geschützte Periode des Wachstums und der Reifung durchmachen, ehe sie in ihrer potentesten Form in Erscheinung treten kann.

In dieser Rune ist eines der größten Geheimnisse nordischer Sexualmagie verkörpert.

Heller Stab

**Ruhephase,
inneres Wachstum, Reifung**

Ing ist die Rune der Ruhe, des aktiven inneren Wachstums. Auf der tiefsten Ebene wird neue Macht geboren. Ruhen Sie, lassen Sie die Dinge »keimen«, damit sie zur rechten Zeit reifen. Seien Sie geduldig. Hören Sie auf sich selbst. Diese Rune deutet auf Ideen und Aspekte hin, die von einer solchen Phase des Keimens profitiert haben. Dies ist eine Zeit des Stillstands, dem fruchtbare Dynamik folgt. Das Potenzial wartet auf seine Aktivierung.

Diese Rune kann auch einen Bauern oder Priester symbolisieren.

Dunkler Stab

Unfähigkeit, Vergeudung, Bewegung ohne Wandel

Falsch angewandt, kann *Ing* zu Egozentrizität und Entfremdung führen. Sie schließen sich in Ihrer subjektiven Welt ein und sind unfähig zum Kontakt mit der objektiven. Lähmung droht. Das kann verführerisch sein und Sie zum Irrtum verleiten, dies sei keine Phase, sondern das »Ende«. Daher ist dieser Stillstand der Fluch vieler Mystiker. Andererseits kann eine Blockade von *ing* zur Vergeudung von Lebenskraft und zum Gefühl sinnloser Bewegung führen – ohne Phasen, in denen man Energie sammeln und speichern kann. Bewegung ist da, jedoch ohne echten Wandel und ohne ungezügelte Dynamik.

23 Dagaz - D

Schlüsselwörter:
Tag, Licht
Licht bei Sonnenauf- oder -untergang
Polarität
Bildung einer Synthese
»Ódhinisches Paradoxon«
Empfangen mystischer Inspiration
als Ódhinns Geschenk
Modernes Deutsch: Tag
Modernes Englisch: day

*Der Tag ist der Bote des Herrn.
Die Menschen lieben das Licht,
denn es bringt Freude und Hoffnung
Reichen und Armen,
ist nützlich für alle.* AERL

Kommentar

Dagaz ist das Licht des Tages, wie es zum Zeitpunkt des Sonnenaufganges und Sonnenunterganges wahrgenommen wird – in der Morgen- und Abenddämmerung. Es ist die Rune des vollkommenen Erwachens.

Sigrdrífa bringt dieses Mysterium zum Ausdruck, als sie aus ihrem Zauberschlaf vom Helden Sigurdhr erweckt wird (»dem Wächter des Sieges«) und die beschwörenden Verse spricht:

> *Heil dir Tag, heil euch Tagessöhnen,*
> *Heil dir Nacht und Niftel:*
> *Mit unzorn'gen Augen schaut auf uns*
> *Und gebt uns Sitzenden Sieg.*
>
> *Heil Euch, Asen, heil euch Asinnen,*
> *Heil dir, fruchtbares Feld!*
> *Wort und Weisheit gewährt uns edeln zwei'n*
> *Und immer heilende Hände!*
>
> Lieder-Edda »Sigrdrifumal«, Strophe 2–3

Die D-Rune repräsentiert das rituelle Feuer der Feuerstelle und das mystische Licht, das der *vitki* bei magischen Handlungen wahrnimmt.

Dagaz verkörpert die Synthese der Kraft von Tag und Nacht durch die Konzepte der Morgen- und

Abenddämmerung. Dies kommt in den himmlischen Phänomenen des Morgen- und Abendsterns zum Ausdruck – Symbole der göttlichen Zwillinge.

Dagaz ist die Rune der Polarität und des »ódhinischen Paradoxons«, welches das zentrale Geheimnis des ódhinischen Kults darstellt. Es ist in der paradoxen Natur des Gottes Ódhinn selbst enthalten und kann am ehesten mit dem Begriff des »mystischen Augenblicks« erklärt werden, dem Augenblick, der im Wirbel polarisierter Konzepte gesucht und gefunden wird. Diese Konzepte werden durch eine geheime »Alchemie« miteinander verschmolzen, durch die aus zwei Extremen eins wird.

Dagaz ist der Ort und Zeitpunkt, in dem aus Dunkelheit und Licht, Freude und Schmerz, Leben und Tod, Körper und Seele, Materie und Energie eine Synthese in einem gemeinsamen Konzept gebildet wird, das über ihren *wahrnehmbaren,* erkennbaren Gegenpol hinausgeht.

Dagaz übersteigt die Grenzen sprachlicher Ausdrucksmöglichkeit.

Heller Stab

**Erwachen, Bewusstheit,
Hoffnung, Glück,
das Ideal**

Dagaz bringt den Segen der archetypischen Bewusstheit, die bisweilen einen spontanen Eindruck macht. Es ist eine Quelle – die einzig wahre – der Hoffnung und des Glücks. Ein großes Erwachen steht bevor. Sie erlangen wahre Erkenntnis. Dieses Licht scheint vielleicht dort, wo Sie nicht damit rechnen. Streben Sie nach dem Ideal.

Diese Rune symbolisiert den wahren Suchenden.

Dunkler Stab

Blindheit, Hoffnungslosigkeit

Man kann *dagaz* kaum als aktive dunkle Kraft betrachten. Nachteilig wäre nur seine Manifestation im Leben eines Menschen, der es nicht haben will oder nicht darauf vorbereitet ist. Eine Blockade des »Tageslichts« bedeutet natürlich Blindheit, Stumpfheit, Langeweile, Hoffnungslosigkeit und so weiter.

24 Othala - O

Schlüsselwörter:
ererbter Besitz, Besitz, Heimatland
Freiheit, Wohlstand
angeborene Qualitäten
Monogramm Óðhinns
Modernes Deutsch: –
Modernes Englisch: odal

> *Jeder Mensch liebt sein Heim,*
> *wenn er dort in Wohlstand genießen darf,*
> *was ihm gehört und der Sitte entspricht.* AERL

Kommentar

Das Mysterium von *othala* wird durch die befestigte Abgrenzung des Clans symbolisiert, die seine unantastbaren Grenzen festlegt und ihn gegen gottlose Eindringlinge schützen soll. Es ist die Essenz des kosmischen Konzeptes von Midhgardhr – die Festung in der Mitte.

Die O-Rune ist auch das Zeichen für angeborene Qualitäten, die aus der Abstammung von einem bestimmten Clan oder einer Sippe resultieren. Diese sind im Wesentlichen spirituellen Ursprungs, und sie sind letztlich das Ergebnis göttlicher Abstammung zuzüglich der in der Vergangenheit von den Vorfahren gesetzten Handlungen.

Othala ist das Mysterium der *fylgja* als spirituelle Quelle magischer Macht, resultierend aus den tugendhaften Taten vergangener Generationen, welche als runische Prägungen im »genetischen Code« der Nachkommen gespeichert sind – eine machtvolle Rune Óðhinns. Die Form des Zeichens: ᛟ : dient auch als Monogramm Óðhinns.

Diese Rune symbolisiert das Erbe, das von Generation zu Generation in der ganzen Sippe weitergegeben wird, sowohl im materiellen wie auch im spirituellen Bereich. Es ist ebenso unbeweglich wie Grund und Boden und kann nur innerhalb des Stammes oder der Sippe vererbt werden. Durch die Institution der Ehe haben jedoch auch Außenstehende die Möglichkeit, Zugang zu dieser Macht zu erhalten und sie zu integrieren.

Othala verkörpert die weise und gerechte Verwaltung des Landes durch die Edlen: jene, die von der geistigen Macht dieser Rune durchdrungen sind und sie im Einklang mit Stammestradition und Gesetz zur Anwendung bringen.

Es ist die Rune des materiellen Wohlstands und Wohlbefindens. Sie wirkt Hand in Hand mit dem ergänzenden Konzept beweglichen Eigentums – der in der F-

Rune enthaltenen Macht, um dieses wichtige Prinzip im Universum zu entwickeln und aufrechtzuerhalten.

Othala bürgt für menschliche Freiheit innerhalb einer gesicherten und gesetzmäßigen Gesellschaft, die mit sich selbst und ihrer Umgebung im Einklang steht. Sie verkörpert traditionell bewahrte Stammes- und Sippengesetze auf spiritueller Ebene. In Ásatrú wird diese Rune durch die Sippschaft ausgedrückt.

Ordnung ist die Voraussetzung dafür, dass die Gruppe Erfolg hat. Obwohl wir zu Hause sicher sind, befinden wir uns in ständiger Interaktion – Geben und Nehmen – mit der Umwelt. Nur das »innere Heim«, die ideale Wirklichkeit, ist nicht an ein bestimmtes Land gebunden. *Othala* ist totale Freiheit und die aktive Sicherung dessen, was wir erworben haben.

Heller Stab

ein Heim, eine blühende Gruppe,
die Ordnung der Gruppe,
Freiheit, produktive Zusammenarbeit

Othala ist das Los des Wohlstands und des Wohlbefindens. Die Rune steht für ein beständiges, friedliches Leben im Heim, in der Familie oder in einer Gemeinschaft. Dieses Leben führt zu stetigem Wachstum. Achten Sie immer auf die Bräuche und auf die Ordnung innerhalb der Gruppe, und verteidigen Sie sie. Ein sicheres Fundament schenkt Ihnen wahre Freiheit. Vielleicht ziehen Sie demnächst um oder gehen neue Beziehungen ein. Produktive Zusammenarbeit mit »Außenseitern« ist immer möglich.

Diese Rune kann auch eine Führungspersönlichkeit oder eine Gruppe von Menschen symbolisieren.

Dunkler Stab

Mangel an Ordnung, Totalitarismus, Sklaverei, Armut, Verlust des Heimes

Auch diese Rune strahlt keine aktive Negativität aus. Die einzige Gefahr besteht darin, dass die Bräuche oder die Ordnung innerhalb der Gruppe nicht eingehalten werden und dadurch die Macht der Führenden eingeschränkt wird. Wer *othala* missversteht, entwickelt totalitäre Ideen und gefährdet die Interessen des Ganzen. Eine Blockade von *othala* hat Versklavung durch äußere Kräfte, Armut, Verlust des Heimes und Einsamkeit zur Folge.

Glossar

Æsir: Sg. Áss, Genitiv Pl. Ása (gibt als Präfix an, dass die Gottheit zu den Asen gehört) AN. Ein Göttergeschlecht, das mit Magie, Gesetz und Krieg assoziiert wurde.

ætt: Pl. ættir AN. Familie oder Genus, sowohl als Name für die dreifache Teilung des Futhark als auch für die acht Bereiche des Himmels benutzt. Bedeutet auch »Gruppe aus acht Teilen«.

Altenglisch: Die Sprache der Angelsachsen in Südengland etwa von 450 bis 1100 n. Chr.

Altnordisch: Die Sprache der Westskandinavier in Norwegen, Island und Teilen von Britannien in der Wikingerzeit (um 800–1100).

Aptrburdhr: AN. Wiedergeburt. Diese uralte germanische Vorstellung ähnelt der Idee der Reinkarnation. Wiedergeboren werden die wesentlichen Eigenschaften der Ahnen.

dunkler Stab: vom AN *myrkstafr*. Die negativen Aspekte einer Rune.

Edda: AN. Ein Wort unbekannter Herkunft, das als Titel für alte Manuskripte mit mythologischem Inhalt benutzt wird. Die ältere oder *Lieder-Edda* ist eine Sammlung von Liedern, die zwischen 800 und 1270 geschrieben wurden. Die jüngere oder *Snorri-Edda* schrieb Snorri Sturluson im Jahr 1222.

Erulianer: Mitglied der alten Gilde von Runenmeistern, die in die germanischen Mysterien eingeweiht waren und einen Bund über die Stammesgrenzen hinaus gründeten.

etin: Abgeleitet von AE *eoten* und AN *jütunn*. Ein wegen seiner Kraft bekannter Riese. Auch als Gattungsbezeichnung für »Riesen« gebraucht.

formalí: Pl. formálar, AN. Formelhafte Ansprachen, die geplante Handlungen mit Magie unterstützen sollten.

fylgja: Pl. fylgur, AN. Ein numinoses Wesen, das mit jedem Menschen verbunden ist und alles aufzeichnet, was er tut. Es ist die »persönliche Gottheit« und hat die Gestalt eines Wesens des anderen Geschlechts, eines Tieres oder einer abstrakten Form.

galdr: Pl. galdrar, AN: ursprünglich »Beschwörung«. Das Verb *gala* bedeutet auch »krähen«. Später stand *galdr* für »Magie«, vor allem für Magie mit Worten.

gydhja: AN. Eine Priesterin.

heller Stab: Nach dem AN *heidh-rún*. Die positiven Aspekte einer Rune.

horg: Traditionelles AN Wort für »Altar«. Ursprünglich war damit ein steinerner Altar im Freien gemeint.

hugauga: AN. Das geistige Auge, das man beim Visualisieren benutzt.

Norn: Pl. Nornir. Eines der drei komplexen kosmischen Wesen (Nornen), die in weiblicher Form Ursache und Wirkung verkörpern. Sie sind eine Quelle der evolutionären Energie.

odianisch: Bezeichnung für die »Theologie« der Erulianer. Im Gegensatz zum Odinisten verehrt der Odianer nicht Ódhinn, sondern strebt wie er nach Selbsttransformation.

ørlög: AN. Die germanische Vorstellung vom Schicksal. Die Gegenwart (und somit auch die von ihr abhängige Zukunft) wird von den Handlungen in der Vergangenheit bestimmt. Wörtlich bedeutet der Ausdruck »Ur-Schichten«.

Runenlegen: Eine Methode, Runen als Orakel zu befragen. Dabei werden die Runen nicht geworfen, sondern nach bestimmten Mustern gelegt.

Runenlos: Runenstab, der für ein Orakel benutzt wird.

Runenstab: Die materielle Form einer Rune, also das physische Objekt, in das die Rune geritzt wird (vor allem wenn es sich um Holz handelt).

Runenwerfen: Eine Methode, Runen als Orakel zu befragen. Dabei werden die Runen auf ein Tuch geworfen.

taufr: AN. Magie mit Talismanen, auch der Talisman selbst.

Thulr-Hocker: AN. Der Hocker, auf dem der Runenwerfer sitzt, wenn er die Runen deutet.

thurs: Pl. thursar, AN. Ein sehr alter und starker Riese, zum Beispiel ein Frostriese.

valkyrja: Pl. valkyrjur, AN »Auswähler der Gefallenen« (der im Kampf Getöteten). Schützende, den *fylgur* ähnliche,

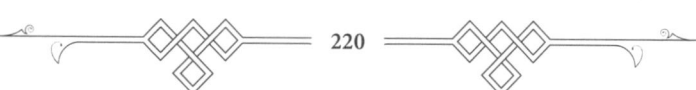

numinose Wesen. Sie heften sich an Menschen, von denen sie angezogen werden. Eine Kraft, die Menschen mit Göttern (besonders mit Ódhinn) verbindet.

Vanir: Sg. Van, AN. Ein Göttergeschlecht, das Fruchtbarkeit, Wohlstand und Erotik symbolisiert.

Welt: 1. Der gesamte Kosmos. 2. Eine der neun Existenzebenen, aus denen der geordnete Kosmos besteht.

Wyrd: AE. Im AN *urdhr* (auch der Name der ersten Norne). Der Einfluss, den vergangenes Tun *(ørlög)* über die Zeit hinweg auf die Gegenwart ausübt.

Yggdrasill: AN. Der kosmische Baum der neun Welten oder Ebenen des Kosmos.

Abkürzungen

AE	altenglisch	Pl.	Plural (Mehrzahl)
AHD	althochdeutsch	Sg.	Singular (Einzahl)
AN	altnordisch		

Bildquellen

S. 6 + 12: aus einem Isländischen Manuskript des 18. Jh. – Wikipedia | S. 54: rune stone © Magnum – Fotolia.com | S. 56: Firehole © R.Scheiwiller – Fotolia.com | S. 60 Rückzüchtung des Auerochsen, fotografiert im Wildpark Ludwigshafen-Rheingönnheim – Wikipedia/4028mdk09 | S. 64: Lightning on sunset sky background © Kushch Dmitry – Fotolia.com | S. 68: Imprinted Stone Harp © ben mcleish, Istockphoto | S. 72: Feuerring © screenexa – Fotolia.com | S. 76: Fackeln im Schnee © Liane Remmler – Fotolia.com | S. 80: Fachwerk © crimson – Fotolia.com | S. 84: rainbow over flowered field © Kotangens – Fotolia.com | S. 88: real snowflakes makro © Yanterric – Fotolia.com | S. 92: Fuoco © Giorgio Clementi – Fotolia.com | S. 96: Eyjafjallajokull volcano © klikk | S. 100: Weizenfeld © Sarie – Fotolia.com | S. 104: Ancient Yew Tree © Marilyn Barbone – Fotolia.com | S. 108: milky way: symphony in blue – nasaimages.org | S. 112: schwanensee © Regine Schöttl – Fotolia.com | S. 116: evening sun © Lulu Berlu – Fotolia.com | S. 120: Sonnensystem © xxxx_3D – Fotolia.com | S. 124: birch trees in a summer forest © jordano – Fotolia.com | S. 128: white horse © Viktoria Makarova – Fotolia.com | S. 132: Wikinger © fdenb – Fotolia.com | S. 136: Wildbach im Teutoburger Wald © Photorun – Fotolia.com | S. 140: sprießende Pflanze in trockener Erde © eyewave – Fotolia.de | S. 144: spring sunset – © Iakov Kalinin – Fotolia.com | S. 148: Pfahlbautenmuseum Unteruhldingen, ANKAWÜ – Wikipedia |

Weitere Bücher und Kartensets bei Königsfurt-Urania

Keltisches Baumorakel

*Was ist es, das erschaffen wurde
von Ogma-Sonnengesicht, dem Allgewaltigen?
Was ist es, das verborgen liegt
in einem Gedicht wie ein Lachs
im tiefen Wasser, um erst dann aufzusteigen,
wenn der Eingeweihte ruft?*

In diesem Set finden Sie den Schlüssel zur geheimen Sprache der Kelten. Es offenbahrt Ihnen eine altüberlieferte Methode der Kommunikation und der Deutung.

Im keltischen Ogham- oder Baumorakel wird jedem Buchstaben ein Baum, eine Pflanze oder ein Naturelement zugewiesen. Hier wurden diese Elemente wunderschön illustriert von Vanessa Card auf die Orakelkarten gebracht.

Welche Frage Sie auch haben, die uralte Weisheit des Baumorakels wird Sie leiten und Ihnen Einsicht in die Geheimnisse unserer Welt geben.

**Liz und Colin Murray
Das Keltische Baumorakel**
Set mit Buch, Karten
und Legeblatt
ISBN 978-3-86826-756-3

www.koenigsfurt-urania.com